그래도 산행은 하고 싶다

그래도 산행은 하고 싶다

임종수 지음

모아북스
MOABOOKS

바람에 나무뿌리가 깊어지듯

마지막 명산에서 내려왔다. 산행을 시작한 지 34년 만이다. 처음 올라간 산이 1985년 여름의 지리산 천왕봉이고, 마지막으로 내려온 산이 2018년 여름의 울릉도 성인봉이다. 100대 명산을 완등하는 데 34년이나 걸린 데는 그럴 만한 이유가 있다.

처음에는 명산에 대한 개념도 없이 산행을 다니다가 2016년이 되어서야 명산 도전 목표를 정했다. 당시에 이미 50여 개의 명산을 오르내리고 있을 때다. 산림청에서 선정한 명산을 훨씬 많이 다닌 덕분에 자연스럽게 '산림청 100대 명산' 도전으로 가닥을 잡았다.

야심 찬 도전 목표를 세웠지만, 직장인이어서 시간 내기가 쉽지 않았다. 주말이나 공휴일만 가능한 산행인 데다 날씨가 허락해야 하는 터여서 명산마다 가장 어울리는 철을 골라 다닐 계제가 못 되었다. 아쉬운 점이다. 그래도 가능하면 진달래 피고 날씨 포근한 봄날, 파란 하늘에 울긋불긋 단풍이 고운 가을날을 골라서 조금씩 조금씩 정한 목표를 채웠다.

목표를 일찍 달성한다고 누가 금메달을 걸어줄 일도 아니다. 산이 특별히 가르쳐준 바도 없고, 나도 애써 산에서 무엇을 얻으려 하지 않았다. 그저 그렇게 다니는 게 좋았고, 바람에 나무 뿌리가 깊어지듯 나도 자연스럽게 담금질이 되었다. 나 자신을 스스로 강박하지 않아서(시간은 좀 오래 걸렸을지라도) 결국은 해낼 수 있었다. 그러면서 인내심도 기르고 더욱 겸손해졌다.

산은 늘 그 자리에 있으니, 누구든 결심만 하면 갈 수 있다. 정상으로 가는 여러 갈래의 길은 우리의 인생 항로와 같다. 거미줄처럼 촘촘한 등산로에서 다양한 경험을 하듯이 인생도 다양한 경험을 통해 삶의 지혜를 얻는다.

마음에 오래 품어온 100대 명산 완등에 성공한 순간 뿌듯했다. 이제 더는 주말에 식구들의 달콤한 잠을 방해할 일은 없다고 생각하니 안심이 되었다. 부스럭부스럭 배낭을 꾸리고 덜커덕 문을 열고 집을 나서던 주말 새벽이면 아빠는 늘 민폐 덩어리였다. 그리고 군것질거리와 용돈에 유혹되어 꼬맹이 시절에 아빠와 숱한 산행을 동행한 작은딸도 고생을 덜었다. 작은딸은 훌쩍 자라서 지금은 20대 어엿한 숙녀가 되었다.

이 책은 가족의 희생과 응원에 크게 빚졌다. 이제 그 빚을 갚을 차례다. 이 책이 나오기까지 격려하고 도와준 모든 분에게 감사한다. *

봄소식을 기다리며,
임종수

* 산에 대한 정보는 국토지리정보원, 두산백과사전, 위키백과, 한국의 산하, 국립공원공단 누리집, 산림청의 자료를 참고하고 인용하였다. 등산 거리와 시간은 트랭글 GPS 기준이다. 등산 시간은 사진 촬영, 점심 식사와 휴식 시간이 포함된 시간이다.

사진으로 먼저 보는 명산

산이라고 다 같은 산이 아니다

100대 명산에 선정되고 오악과 삼신산으로 나뉘는 데는 다 이유가 있다. 우리나라에는 3,000여 개의 산이 있다는데, 그중에는 산 같지 않은 산도 있고, 오르지 못할 산도 있다. 또 같은 산이라도 앞뒤 사방 방향에 따라 등산로에 따라 각양각색으로 달라 보인다. 또 봄 산 다르고 여름 산 다르고, 가을 산 다르고 겨울 산 다르다. 산이라고 다 같은 산이 아니다.

영월 백덕산

밋밋하듯 하지만 오히려
여유로운 산행에는 최적.
서울대 정문 나무가 볼거리.

서울 도봉산

국민 산행지로 손꼽히는
자운봉을 오를 수 없는 대신
신선대가 주는 천하 절경.

광양 백운산

코끝에 스며드는 매화향,
산 넘어 섬진강 매화마을에
도착. 세상에서 가장 예쁜
매화 산행.

남양주 천마산

전철 타고 달려가는 천마산역.
오르고 내리는 산만 보고 오면
봄꽃이 몹시 서운해할 명산.

단양 소백산

겨울에만 다니는 열차,
시린 칼바람을 뚫고 높이
더 높이 소백산 비로봉.
설국열차 탑승!

제주 한라산

변화무쌍한 한라산의 날씨.
오르다 만난 어마어마한 폭설.
윗세오름 대피소에서
사발면만!

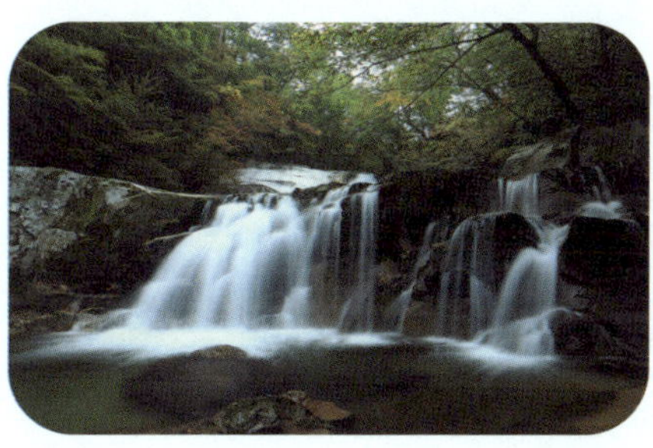

인제 방태산

이단 폭포 사진 촬영 갔다가
걷다 보니 야생화 천국.
가을 단풍도 매력적.

원주 치악산

청량리역에서 교외선 열차 타고
주말여행 가는 기분으로.
산행도 둘레길도 캠핑도
좋은 산.

영동 민주지산

봄엔 진달래꽃 산,
겨울엔 눈꽃 산,
그중 눈꽃 산행이 최고!

제천 월악산

광활한 월악산국립공원.
우뚝 솟은 대장 봉우리.
맑은 날 충주호 조망이 장관.

포천 명성산

툭 하면 회사에서 산정호수로
야유회 다니던 그 산이 이리
명산인 줄 미처 몰랐네!

동두천 소요산

수도권 산 중 단풍이 으뜸.
경원선 전철로 서울에서 2시간.
가을 단풍 배낭에
달고 오는 산.

삼척 두타산

금강산 구룡폭포 가는 길에
두타산에서 미리 만나는
첩첩산중 기암괴석 천하절경.

홍천 팔봉산

명산 중 가장 낮지만
굽이굽이 여덟 봉우리.
설악산도 울고 가리.

서울 북한산

기네스북에 오른 명산인데도
시민 곁에 가까이 있어서
동네 산쯤으로 여겨지는 산.

산청 지리산

지리산 종주만 세 번.
어머니 같은 산이라지만
산행은 왜 그리 숨찬지.

부안 변산

산과 바다가 어우러져 볼거리.
먹거리 무궁무진한 명소들
거느린 명산 중 명산.

진안 마이산

신비한 돌탑 탑사에 갔다가
정상이 바로 눈앞에 잡혀서
나도 모르게 단숨에 오른 산.

서울 관악산

수도권 어디서든 전철로 금세
언제든 반기는 친구 같은 산.
이런 산이 100대 명산이라니!

강화 마니산

한라와 백두의 한가운데.
정상에 서면 섬들의 장관.
단군왕검 혼이 서린 영산.

01

이 산에 서면 저 산이 그립다

_ 전국에 있는 100대 명산에 오르다

02
우리 산의 매력, 산행의 즐거움

_ 산행, 100배로 즐기는 이모저모

03
산행의 휴식과 여유로움
_ 놀거리와 먹거리의 모든 것

이 산에 서면 저 산이 그립다

그리움을 부르는 창녕 화왕산의 가을

시간을 / 친구 삼다

 ## 시간을 즐길 줄 아는 산사람

빨리 올라가는 것이 최고인 양, 달리기하듯이 무조건 정상으로 치고 올라가던 젊은 시절의 내 등산 방식. 빨리 올라왔다고 정상에서 산신령께서 내 목에 금메달을 걸어주는 것도 아닌데 말이다. 그 몹쓸 습관을 버리는 데는 많은 세월이 필요했다.

천천히 오래 걸어야 산이 잘 보인다. 꼭 눈에 보이는 것만 산 전체는 아니더라. 그 안에는 내가 그동안 빨리 내달려서 보지 못한 것이 너무 많이 있더라. 등산로에 있는 이정표가 단순히 길 안내만 하는 것은 아니라는 사실도 훗날 스스로 알게 되었다.

흔히 '모든 일에 최선을 다하라' 고 조언한다. 정말 모든 일에 최선을 다하면 삶이 피곤해서 살지 못하겠더라. 등산로의 이정표는 쉬어가라는 표시다. 등산로 입구의 이정표는 어떻게 올라갈 것인지 잘 생각해보라는 뜻이고, 중턱의 그것은 여태까지 땀을 쏟고 숨을 헐떡이면서 올라왔으니 거기서 잠시 쉬어가라는 뜻이다.

내 삶의 여정은 어떠했는가, 이번 주에 내 일상은 어떠했는가. 계획도 없고, 쉼표도 없는 무작정 내달리는 삶은 아니던가? 무조건 정상을 향해서만 달리는 거친 삶을 추구하지 않았던가? 등산로에 수많은 이정표에서 가끔 현명한 답을 얻는다. 정상으로 가는 길에 만나는 이정표는 바쁘게 사는 나에게 계획에 넣지 않은 '쉼표'이다. 달콤한 휴식 뒤에 찾아올 큰 기쁨을 안내하는 삶의 나침반과 같은 것이 아닐까?

[시간의 굴레를 벗는 홍천 팔봉산]

굽이치는 홍천강에 떠 있는 듯 자리 잡은 팔봉산

“덜커덩, 쾅!”

등산로 입구의 출입문을 닫는 소리가 뒤에서 들려왔다. 한가로운 봄날 늦은 오후, 출입 제한 시간이 있는 홍천 팔봉산에 마지막 등산객으로 들어섰다. 이 산은 아침 7시에 들어가고 오후 3시에 출입문을 닫는 등산 제한 시간이 적용되고 있다. 산은 낮고 등산 시간도 오래 걸리지 않는데 이건 무슨 경우인가? 더구나 결빙기인 겨울철 석 달은 아예 문을 열지 않는다.

‘홍천의 설악산 공룡능선’으로 불리는 팔봉산(327m)은 까다롭게 입산을 통제하다 보니 연간 8개월 정도 등산할 수 있다. 이렇게 까다로운 산이 있어서 불만인 사람도 있다.

굽이치는 홍천강에 떠 있는 듯 자리 잡은 팔봉산의 첫 느낌은 여덟 봉우리의 아기자기한 미니어처 산 모양이다. 봉우리마다 기암괴석과 노송이 절묘한 조화를 이룬 모습을 보고 분재 같다고 하는 사람도 있다. 이래저래 아무리 봐도 너무 작다는 느낌이다.

“그런 낮은 산에는 왜 가는 거야?”

팔봉산을 다녀왔다는 지인에게 이렇게 물은 기억이 있다. 훗날 명산 도전을 하면서 이 산에 들어갔다가 마지막 8봉까지 훑고 나오면서 그때 했던 말이 부끄러워졌다.

등산로에서 봄의 전령사 현호색과 진달래를 보면서 1봉을 향해 발걸음을 내디뎠다. 초입은 생각보다 가팔랐다.

"그래봤자 300m급인데!"하며 느긋하다. 등산객이 모두 빠져나간 늦은 시간이라서 정체는 전혀 없다. 짧은 코스지만 거의 암벽 수준의 급경사에서 로프와 철 발판의 도움을 받고 생각보다 어렵게 1봉에 도착했다. 제일 먼저 초록색 물빛 홍천강이 진달래꽃 사이에서 나를 반긴다. 소나무가 거친 바위틈에 끼여 절묘하게 자라고 있는 모습은 산수화나 다름없다.

팔봉산 등산은 매표소에서 가파른 1, 2봉을 먼저 오른다. 그다음 3봉에서 8봉까지 순서대로 오르락 내리락하다가 8봉에서 아찔하게 하산해 매표소로 돌아오는 원점 회귀코스다. 2봉 정상엔 삼부인당이 있다.

'그냥 맨몸으로 오르는 것도 벅찬데 어떻게 험한 바위에 자재를 날라서 집을 지었을까?'

당집은 조선 선조 때부터 마을 사람들이 당산제를 열어 건강과 복을 빌던 곳이었다. 지금은 3월, 9월 보름에 주민들과 등산객들이 안전산행을 기원하는 제를 올리고 있다. 2봉에서 바라보는 3봉의 모습이 예사롭지 않다. 2봉에서 내려 안부를 지나 암벽을 기어오르면 주봉 역할을 하는 3봉에 이른다. 대장 봉우리답게 북서쪽으로 다섯 봉우리가 한눈에 펼쳐 보인다.

거친 암릉의 매력, 바위틈에 뿌리를 내린 노송. 비로소 설악산 공룡능선을 축소해놓은 듯한 기분이 든다. 좌우에서 팔봉산을 휘감고 도는 푸른색 홍천강의 유연한 곡선이 봄날 오후의 햇살을 받아 보석처럼 반짝인다. 3봉에서 시간을 멈춰두고 충분히 조망을 즐겼다. 진달래, 노송, 하늘, 강물 그리고 바위, 어느 것도 놓치고 싶지 않은 마음에 사진도 여러 장 담았다.

한참 뒤에 풀어놓은 짐을 챙겨서 4봉으로 향한다. 팔봉산의 명물인 해산굴을 통과한다. 이 해산굴은 산부인과바위, 장수바위라고도 한다. 등산객이 많으면 지나가는 데는 시간이 오래 걸린다. 배낭을 벗어 위로 먼저 올리고 양손과 양발로 지탱하면서 몸을 꼬아야 겨우 굴을 통과한다. 덩치가 큰 사람은 주저하다가 결국 우회로를 이용한다. 이 때문에 "혼자 나오면 자연분만, 도움을 받아 나오면 제왕절개"라는 우스갯소리가 생겼다. 낑낑대며 겨우 빠져나온 뒤에 갓난아이 첫 호흡 하듯 숨을 몰아쉬었다.

5봉부터 7봉까지는 연이어 반복하는 가파른 구간이다. 그동안 낮은 산이라고 얕보고 여유를 부렸다가 정신까지 탈탈 털릴 정도로 호되게 당한다. 등산로 곳곳엔 재난방송용 스피커가 설치돼 있다. 여름에 갑작스러운 폭우로 강변로가 물에 잠겨 등산객들이 고립될 염려가 있어서 안전한 대피를 위해 만든 시설이다. 머물 공간이 좁은 5봉과 6봉을 지나 소나무가 제법 많은 7봉을 돌아나오니 8봉이 갑자기 길을 막아선다. 이미 7봉까지 오면서 체력이 바닥난 사람에게는 하늘이 무너지는 듯한 안내 경고판이 보인다.

"팔봉산 등산로 코스 중 8봉은 가장 험하고 안전사고가 자주 일어나는 코스입니다. 등산에 풍부한 경험과 체력이 없으신 분이나 부녀자, 노약자 되시는 분은 현시점에서 하산하여 주시기 바랍니다."

도대체 얼마나 험해서 이리 호들갑을 떠는 걸까?

8봉 하산길은 전체 구간 중 가장 위험하다. 산행 막바지길, 마지막 철계단을 오르고 도착한 8봉 정상, 소나무에 에둘러 있어서 주변 경치는 별로지만 아늑한 곳이다. 험하다는 하산로에서 한 발짝 한 발짝 걸음을 옮긴다. 종아리가 뻐근해서 다리가 후들거릴 즈음에 평지의 고마움을 절실히 느낀다.

홍천강 강변길

이미 해가 산 뒤에 숨어서 짙은 그늘이 드리운 강변길이 나타난다. 고생 끝에 만난 평지 길은 무척 반갑다. 이 길은 홍천강과 나란한 산 밑에 로프와 철판을 다리로 연결한 데크로다. 여름철에는 산행 후 홍천강서 시원한 물놀이도 할 수 있다. 다리가 거의 수면 위로 지나가 등산객들은 마치 물 위를 걷는 듯 시원함을 즐길 수 있다. 홍천 팔봉산 종주 거리는 겨우 4㎞ 미만, 시간은 개인차를 생각해도 3시간이면 충분하다.

전국 100대 명산 중 가장 낮다는 팔봉산. 작은 덩치에 감춰진 비경과 스릴은 겪어본 사람만 알 수 있다.

"속도를 줄이고 인생을 즐겨라. 너무 빨리 가다보면 놓치는 것은 주위 경관뿐이 아니다. 어디로, 왜 가는지도 모르게 된다."

미국의 어느 가수가 한 말인데, 빠름에 대한 경종을 울리는 말이 되었다. 마라톤 선수 이봉주는 주변의 경치를 볼 수는 있어도, 우사인 볼트는 달랐다. 즐기지 못한 시간, 힘들게 느낀 세월은 모두 빠른 것만 고집한 습관에서 시작된다. 등산도 삶도 속도 조절은 꼭 필요하다. 시간이라는 무거운 짐을 내려놓고, 오히려 그 시간을 즐길 수 있다면 삶의 가치는 더욱 빛나게 된다.

실패라는 시간을 즐긴 뒤에 늦은 나이에 성공한 커넬 샌더스는 KFC 창업주다. 직접 만든 조리법으로 62세에 창업을 해서 세계 프랜차이즈 업계의 대부가 되었다. 만약 평범한 모든 사람처럼 오로지 빠름에만 매달렸다면, 그는 기억해줄 사람으로 남지 못했을 것이다. 인생에서 속도를 줄이고 시간을 즐기면 삶의 질이 달라진다. 내 삶에서 중요한 것은 시간의 속도가 아니라, 삶의 방향을 돌아보고 문제를 찾아서 고칠 시간 위에 작은 쉼표 하나를 찍는 것이다. 느린 것이 빠른 것, 내가 정한 방향 속에서 최대한 즐겁게 사는 법이다.

 시간은 낭비하라고 있는 게 아니다

한 번 갔던 산을 다시 가면 훌쩍 10년이 지나간다. 마음먹고 다시 가지 않는다면 이보다 훨씬 긴 세월이 걸린다. 세월이 흘러도 다시 갈까 말까 한 명산과 여행지가 어디 한두 군데인가! 한 번으로 끝나지 않을 곳이 너무나 많다. 계절마다 다녀야 참모습을 알 수 있기 때문이다.

봄에 꽃 피고 연두에서 초록으로 색이 바뀌던 숲은 여름꽃 가득한 천상의 화원이 되었다가, 가을·겨울이면 모습이 확 달라진다. 계절이 바뀌어 가면서 산과 들의 모습이 변하듯이, 세월이 흐르는 사이에 나도 많이 달라졌다는 것을 느낀다. 끝이 보이지 않는 설원이 펼쳐진 소백산 능선에서 국망봉으로 걷다가 풍경에 반해서 하늘에 시선을 두고 멍때리기를 한다.

"나도 올해는 체력이 예전 같지 않아. 어떻게 해마다 이렇게 변하는 걸까?"

스스로 물음표를 던졌다.

'세월유수, 여조과목'은 "세월이 물처럼 흐른다. 새가 눈앞을 날아 지나가는 것과 같다"는 말로 세월이 빨리 지나감을 뜻한다. 이처럼 세월이 빠르다는 고사성어는 시간의 무상함과 소중함을 강조하며, 현재를 충실히 살아야 한다는 교훈을 담고 있다. 현대인은 빠르게 흘러가는 생활 속에서 많은 것을 이루고자 한다. 하지만 관리의 어려움에 부딪히는 바람에 목표를 달성하지 못하는 경우도 많다.

빠르게 지나가는 세월 안에서 중요한 기회를 놓치는 경우가 많다. 이는 결국 개인의 성취감과 자아실현에 부정적인 영향을 미칠 수 있다. 결국은 당해봐야 알 수 있는데, 후회와 아쉬움은 늘 뒤에 찾아온다는 것이다. 목표 달성을 하려면 시간의 소중함을 인식하고 무의미하게 낭비하는 것을 최소화해야 한다. 그러면 어떻게 해야 효율적으로 활용할 수 있을까. 그 해답을 찾아야겠다는 마음을 먹었다.

한번은 청량리역을 출발하여 영주 희방사역에 도착하는 무궁화 기차를 타고 소백산으로 갔다. 8월 말부터 9월 초의 소백산 등산은 '천상의 화원을 걷는다'는 표현이 어울릴 만큼 희방사 계곡부터 연화봉, 비로봉 능선까지 야생화가 깔렸다. 실수로 무심한 발걸음에 화려하게 피어난 들꽃을 등산화로 짓누를까 싶어서 한 걸음 한 걸음이 조심스러웠다.

'천상의 화원'으로 불리는 소백산 능선

해발 1,400m나 되는 소백산 능선은 해마다 5~6월에는 비로봉과 연화봉 일대에 분홍빛 철쭉이 능선을 가득 채운다. 부드럽고 완만해서 부담 없는 산행을 할 수 있다. 안개가 자욱할 때는 신비로움에 휩싸이고, 맑은 날에는 드넓은 초록 능선 위에 꽃들이 수놓아져 있어 마치 하늘 정원을 걷는 분위기이다. 9월에 소백산에 온 이유는 등산보다 여름꽃 때문이다.

희방사 계곡에서 물봉선과 눈 맞춤하면서 놀다가 능선의 연화봉이 가까워지자 구절초, 쑥부쟁이는 사방으로 깔렸다. 꿈속에서 이리저리 헤매는 착각이 들 만큼 능선을 타고 넘던 운무 쇼는 등산의 하이라이트다. 야생화 산행은 영주시 희방사역 출발, 연화봉, 비로봉까지 갔다가 단양 천동계곡으로 내려오는 경로로 정했다. 가을철은 해가 짧아서 비로봉 정상에서 국망봉으로 갔다가 어의곡으로 내려오기는 부담이 된다. 연화봉에서 운무가 춤을 추고 있던 등산로에서 비로봉으로 가다가 풍경 좋은 장소에 배낭을 던져놓고 풀썩 주저앉는다. 바람이 부는 대로 한들한들 춤을 추는 쑥부쟁이를 한참 동안 말없이 쳐다보았다. 솔직히 바람 부는 대로, 마음 가는 대로 자유롭게 춤추는 야생화가 부러웠다. 야생화의 삶이란 바람 부는 대로, 물 흐르는 대로 자연의 법칙에 순응하는 것이다.

그런데 사람은 어떤 삶을 살고 있는가. 자연의 순리를 쉽게 받아들이지 못하는 지구상의 유일한 생명체이다. 빛이 없어 전기를 만들었고, 생명을 늘리려고 온갖 약을 만들었다. 빨리 가려고 만든 자동차, 편리하려고 만든 플라스틱은 지금 어떤가. 이제는 당연한 생활의 한 부분이 되었기에 쉽게 바꿀 수도 없다. 우리 인생도 바람 불면 부는 대로, 비 내리면 맞는 대로, 늦으면 늦는 대로 견디고 순응하면서 살면 좋았을 것을…. 주어진 것을 거부하고, 좋아 보이는 것에 더 욕심을 내지 않았던가. 나는 눈앞에 마주했던 소백산의 쑥부쟁이가 그래서 부러웠다.

겨울이 다시 왔다. 마침 날씨도 맑고 좋다. 시간을 허투루 소비하지 말라는 하늘의 계시 같아서 배낭을 꾸려서 또 청량리역으로 갔다. 칼바람과 함께하는 겨울 등산 성지로 손꼽는 소백산은 능선 설원이 압권이다.

마음을 정화시키는 소백산의 설원

하늘과 맞닿은 높은 봉우리에서 그칠 줄 모르고 불어대는 칼바람에 호되게 귀싸대기를 맞고도 기뻐 날뛰는 소백산 비로봉의 추억은 잊을 수 없다. 보석처럼 반짝이며 눈가루가 하얗게 흩날리는 진정한 겨울 풍경을 보고 싶다면 한 번쯤 겨울 등산을 해야 한다. 전설의 소백산 칼바람과 맞대결하려고 이른 아침에 단양역에 내려서 다리안 입구까지 택시로 이동, 경로는 비로봉 정상에서 어의곡으로 내려오는 것이다.

겨울에는 짧은 해와 추운 날씨 때문에 알맞게 시간을 짜야 한다. 소백산 겨울 등산은 같은 거리라도 시간은 가을보다 덜 걸린다. 카메라를 꺼내는 빈도가 확 줄어서다. 늦여름부터 가을까지 계곡과 능선을 수놓던 야생화가 모두 눈 속에 푹 파묻혀 자취를 감추었기 때문이다.

다리안에서 출발하여 올라가던 중에 기온 차이로 인해서 입김과 땀으로 나온 수분은 모자와 마스크에 얼어붙어서 인간 상고대를 만든다. 등산로 가득한 삼림에 붙은 자연 상고대와 인간 상고대가 묘한 대비를 이룰 만큼 소백산의 겨울은 차고 시리다. 천동삼거리 하부의 고사목 주목은 막대 아이스크림으로 변한 모습이 이채롭다. 아무리 겨울이라도 이만한 설경을 보는 것은 드물 만큼 날씨 복 하나는 제대로다. 언제 또 이런 풍경을 볼 수 있을까. 아낌없이 그 풍경을 카메라에 담았다.

하늘이 뚫리고 사방이 탁 트인 능선 천동삼거리에 닿았다. 천동삼거리는 연화봉과 천동계곡에서 올라온 많은 등산객이 만나는 길목이다. 찬 바람이 불면서 능선에 쌓인 눈은 가루가 되어 흩날린다. 불과 두어 달 전까지 풀밭이던 비로봉 주변은 파란 하늘과 맞닿은 거대한 설원이 되었다. 비로봉 정상으로 올라가는 등산객의 긴 행렬은 설국열차가 달리는 모습을 닮았다.

정상으로 갈수록 칼바람의 위력은 무시무시하다. 제대로 본때를 보여줄 기세로 등산객들에게 마구 달려드는 심술쟁이다. 비로봉 일대에는 바람이 연중 강하게 부는데 초속 15m 이상도 흔하게 기록된다고 한다. 바람이 심하게 불 때는 몸을 가누기도 힘들 정도이다. 소백산 겨울 칼바람의 위력은 겪어본 사람들만 아는 무서운 바람이다. 그래서 비로봉 정상 일대는 나무 한 그루 없는 돌밭이고, 그나마 있는 식물은 모두 바닥에 납작 엎드려 겨우 버틴다. 국망봉 방향으로 길게 뻗은 순백색 설경을 촬영하는데 방한 장갑도 소용없이 손이 얼었다. 정상에 있던 등산객은 칼바람 위력으로 겨우 인증사진 정도만 남기고 흩어진다.

그러나 희한하게도 비로봉에서 어의곡으로 내려서면 정상에서 맛본 칼바람은 딴 세상 이야기다. 칼바람은 무슨 칼바람, 칼바람 때문에 입은 방한복이 더워서 한 꺼풀 벗어야 하기도 한다.

그 뒤로 1년, 12월 겨울 마지막 주말에 다시 소백산 겨울 등산에 나섰다. 이번에는 어의곡 출발, 비로봉, 국망봉, 상월봉을 거쳐 늦은맥이재에서 어의곡으로 돌아오는 원점회귀 경로다. 볼 수 있을 때, 할 수 있을 때 시간과 노력을 다하면 소백산의 참모습을 볼 수 있다.

효율적인 시간 관리를 통해 계획적인 삶을 살아야 한다. 하루의 일정을 미리 계획하고, 중요한 일과 덜 중요한 일을 구분하여 우선순위를 정하는 것이 중요하다. 이를 통해 관리 효율성을 높일 수 있다. 시간을 효율적으로 활용하기 위한 습관을 기르는 것이 필요하다. 무의미하게 낭비하지 않고, 생산적인 활동에 투입하는 습관을 기르는 것은 중요하다. 이를 통해 성장과 발전의 의미와 인생의 참모습도 기대할 수 있다.

 ## 봄은 오래 머물지 않는다

꽃이 아무리 예뻐도 열흘 동안 붉은 꽃은 없다. 여러 해 같은 산을 다녔어도 어떤 해는 꽃이 늦게 피었고, 다음에는 갈 시간이 없어서 제철 풍경을 놓치고 말았다. 꽃 핀 풍경이 아름다운 명산에 제철을 맞추지 못하거나, 헛걸음하면 꼬박 365일을 기다려야 한다. 어쩌면 몇 해를 더 기다려야 할 수도 있다. 산철쭉

으로 이름난 황매산에 무려 세 번이나 다녀오면서 제대로 된 풍경 사진을 촬영했다. 우리말에 '삼세판'이 있는데, 나에게 유리한 결과가 오도록 억지로 수를 늘린다는 뜻이다.

1970년대 중학생 때부터 카메라를 들고 사진에 취미를 들였다가, 여행 도서를 읽으면서 그 열정의 불을 끌 수가 없었다. 여행작가의 길을 걷고 싶은 마음에 2011년에는 (사)한국여행작가협회 여행작가학교를 수료하기도 했다. 이어 국립공원공단 홍보실 기자단으로 활동하면서 15년 이상 자연 풍경과 벗하며 지내고 있다. 그러다가 국립공원공단 달력에 내 청산도 사진이 박혀서, 한 달간은 누군가의 책상이 노란 유채꽃밭이 되었다. 좋은 풍경과 아쉬웠던 헛걸음을 만회하려고 한 번 갔던 곳이라도 계절마다 다시 찾아가는 버릇도 생겼다.

한 번 가기도 어렵다는 명산을 자주 찾아가는 이유는 시시각각 달라지는 자연 풍경 때문이다. 꽃이 예뻐서 미친 듯이 날뛰고 싶을 때, 초록색 잎사귀가 마음을 푸르게 할 때, 울긋불긋 단풍으로 눈이 충혈될 때면 슬그머니 배낭을 다시 꾸린다. 한 번 갔던 명산이라도 계절마다 보여주는 모습이 다르다면 기꺼이 그 산을 다시 찾아간다. 뭔가에 미치지 않는다면 이룰 수 없는 것이 어디 한두 가지인가.

봄이 막 시작하려는 때면 생각나는 '변산바람꽃'이 있다. 우리나라 특산종으로, 꽃 이름에 최초로 학계에 보고한 전북대 선병윤 교수의 이름(Eranthis byunsanensis B.Y.Sun)이 들어있다. 이분은 꽃을 찾아서 얼마나 많은 곳을 한 번 간 곳을 다시 몇 번이나 더 찾아갔을까. 그가 이룬 업적에 비교할 수는 없어도, 내가 산행을 다니는 이유는 대단한 것을 발견하거나 사진으로 이름을 날리려는 것이 아니다. 그 산이 지닌 가장 아름다운 모습일 때, 그곳에서 얻는 최고의 행복감 때문이다.

[청림마을에 부는 꽃바람]

내변산에서 바라본 청림마을

“미치지 않으면 이룰 수 없다.”

어떤 일에 전념하지 않으면 성취도 불가능하다는 불광불급(不狂不及)이다. 집념과 몰입의 중요성을 강조하는 한국적 자기계발 명언으로 인용하는 말이 되었다. 2013년 무렵부터 야생화 취미를 들여 마음속에 꽃바람이 들었다. 수도권에서 변산바람꽃을 관찰할 수 있는 안양 수리산을 매일같이 파고들었고, 야생화 사진 입문 장소로 통하는 남양주 세정사, 천마산으로 가려고 주말마다 전철을 탔다. 그 뒤에도 배를 타고 풍도라는 섬에도 갔고, 새벽부터 남쪽으로 내려갔다. 산행 중 괜찮다 싶으면 어김없이 꽃 앞에 허리를 굽히고, 무릎을 꿇어 큰절하듯이 사진을 찍었다. ‘미치지 않고서야 어떻게 이런 짓을 했을까?’ 외장하드에 꽉 찬 야생화를 보면 그 시절 내 모습이 생각나 저절로 웃음이 나온다.

2월의 아침 공기는 생각보다 싸늘하다. 야생화와 등산에 미친 일행들과 도착한 내변산 청림마을의 풍경은 초록색이다. 마을 안 길을 따라 걸으면 마지막 집 앞에서 변산 등산로가 시작된다. 볕이 들기 시작하면서 청림마을 보리밭은 연두색으로 빛난다. 산천초목 누런 시절에 연두색 마을 풍경이라니, 멀리 남쪽 지방으로 내려온 보람은 있다.

내변산 청림마을은 변산바람꽃의 본고장으로 소문나서 해마다 2월이면 수많은 사람이 카메라를 들이미는 동네다. 우리나라 산천이 여전히 겨울잠에 빠져 있는 2월 하순에 남쪽 지방의 땅속에서 가장 먼저 머리를 내밀고 하얀색 꽃을 피우는 봄의 전령사가 변산바람꽃이다. 분홍색 노루귀보다 더 일찍 봄을 알려준다. 꽃 이름에 '변산'이 들어있는 이유는 식물학계에 최초로 보고될 때 이곳에서 발견했기 때문이다. 부안 변산에서만 자라지는 않고, 여수 향일암, 변산반도, 안양 수리산, 용인 시궁산, 경주 단석산, 진안 마이산, 함양 지리산 등 전국 여러 산지에서 자생한다. 그래도 변산 청림마을과 내변산 계곡이 대표적 자생지이다.

　부안의 명산 변산은 국립공원이자 국가지질공원으로 자연환경이 빼어난 곳이다. 해안 외변산지구와 내륙 내변산지구로 나뉘고 내변산지구는 의상봉, 쇠뿔바위봉, 관음봉으로 이어진 산악지역이다. 관광객이 많이 찾는 해안보다 내변산에서는 여유롭게 자연을 즐길 수 있다. 특히 이른 봄부터 가을까지 다양한 야생화와 함께 자연을 즐기는 낭만이 넘친다. 그중에서 봄의 전령사 변산바람꽃과 노루귀는 돋보이는 야생화다. 등산도 여러 차례 다녔고, 외변산 채석강과 내소사 전나무숲길은 우리 가족 단골 여행지다. 때를 놓치면 다시 오래 기다려야 하는 풍경은 해마다 발길을 이끄는 매력 넘치는 곳이다. 올해는 어느 때에 다시 가야 할까 고민한다.

봄의 황홀경, 황매산의 철쭉

　세상의 모든 것이 간절하게 아침이 밝아오기를 바라던 때, 컴컴한 새벽녘에 꼬불꼬불한 산청군 차황면 고갯길을 올라갔다. 하늘은 금방이라도 무더기로 별을 쏟아부을 듯 촘촘하게 박은 보석처럼 빛나고 있었다. 황매산은 지리산 바래봉, 지리산 세석평전과 더불어 철쭉 명소로 이름난 곳으로 시즌이 되면 전국에서 몰려드는 인파로 꽃과 뒤섞인다.

　등산과 꽃구경을 함께 즐길 만한 시절은 보통 4월 말부터 5월 초다. 이 시기를 놓친다면 아쉽게도 꼬박 365일 긴 날을 기다려야 한다. 그렇다고 이듬해에 철쭉을 제대로 볼 수 있다는 보장을 받을 수도 없다. 하늘과 자연의 뜻에 따라야 하기 때문이다. 황매산 철쭉 시즌의 일출 풍경 사진을 제대로 촬영하는 데는 우여곡절도 있었다. 어떤 해는 아래쪽에만 철쭉꽃이 피고 능선에는 듬성듬성 진달래꽃만 있었다. 삼세판 만에 황매산 일출, 철쭉꽃을 제철 풍경 사진으로 촬영했다.

이번에 5월 첫 주말 날씨가 쾌청한 것도 하늘이 도왔다. 서서울 요금소를 새벽에 빠져나와서 긴 시간 운전을 했고, 산청 차황면 황매산 꼬부랑 도로는 여전히 컴컴했다. 그렇게 이른 시간에 산 중턱 주차장에 누가 있을까 했는데, 제1주차장이 꽉 차서 아래쪽에 차를 대고 올라가야 했다. 정말 미치지 않고서야 어떻게 이런 짓을 할 수 있을까.

취미든 직업이든 사진이라는 것은 쉽지 않은 분야다. 산청 황매산에 처음 왔을 때를 기준으로 무려 13년 만에 촬영에 성공한 철쭉꽃 피는 일출 풍경 사진은 감동적이다. 꽃 없던 그때도 5월 4일, 13년 뒤에도 같은 날짜라니! 묘한 기분이 들었다.

까마득히 먼 곳의 푸르스름한 산 위에서 해가 솟아오를 때의 감동적인 순간, 철쭉꽃 사이로 햇볕이 스며들어 갈라지는 찬란한 빛의 향연을 어찌 잊을까! 해가 돋으면서 거대한 모습을 드러낸 황매산 봉우리와 황매평전의 드넓은 풍경은 압권이다. 그 무렵에 철쭉나무에 가려서 보이지 않던 사람들도 수북하게 모습을 드러냈다.

능선과 황매평전 오솔길을 걷는 사람들의 긴 줄도 보였다. 모산재 방향에 이르니 꽃과 사람을 구분하지 못할 지경이었다. 각자 입고 있는 옷은 마치 철쭉꽃과 깔맞춤을 작정하고 입고 온 모양이었다. 마음에 드는 풍경 사진을 촬영하고 주섬주섬 장비를 정리해서 배낭에 담았다. 갑자기 생각나서 또 하나의 철쭉 명산 지리산 바래봉의 고장 남원으로 출발했다. 새벽 일찍부터 서둘렀더니 바래봉 철쭉꽃도 제철에 볼 수 있는 날이 왔다. 꽃이 아무리 예뻐도 열흘 동안 붉은 꽃은 없다. 이때다 싶으면 정신없이 명산으로 갈 채비를 해야 할 때도 있다. 이왕 다닐 명산이라면 어디에 내놔도 괜찮다 싶은 사진에도 욕심낼 만하다. 다만 너무 미치지 않을 정도로 알맞게 말이다.

날마다 조금씩 꾸준히 공부하자

후루이치 유키오의 《1日 30分》은 인생 승리의 공부법을 알려 준다. "날마다 조금씩 꾸준히 공부하라"는 구절이 눈에 확 들어온다. 작심삼일이 되지 않고 공부를 몇 년이고 계속하는 요령은 하루에 30분에서 1시간 정도 꾸준히 공부하는 것이다. 즉, 하루에 5시간씩 1주일 동안 공부하는 것보다 날마다 30분씩 5년간 공부를 지속하는 사람이 몇십 배나 더 큰 효과를 거둔다. 하루에 5시간 마지못해 꾸역꾸역하면 공부가 싫어질 수밖에 없다. 공부는 조금이라도 좋으니 날마다 꾸준히 하는 편이 효과가 훨씬 크다. 공부를 꾸준히 하는 쪽을 선택한다면 다른 사람들을 큰 차이로 이길 수 있지만, 공부하지 않는 쪽을 선택하면 시대에 뒤처지는 결과를 맞게 될 것이다. 어느 쪽을 선택할 것인지는 자신에게 달렸다.

내가 명산 100개를 모두 오르는 데 장장 34년이라는 세월이 걸렸다. 긴 세월이 걸린 데는 그럴 만한 이유가 있다. 100대 명산에 대한 개념이 없던 때는 마냥 산이 좋아서 다닌 취미 활동에 불과했다. 50세가 되던 2016년에 실질적으로 명산 도전을 목표로 정했다. 그동안 동네 산처럼 다닌 북한산, 도봉산, 관악산과 마니산이 100대 명산일 줄은 꿈에도 몰랐다.

"이왕 산에 다니는 것, 나도 근사한 목표를 정하자."

명산 도전 목표를 세웠어도 현실은 산행하러 갈 처지가 빠듯한 직장인이라는 점이 발목을 잡았다. 주말과 휴일에 등산 계획을 세웠어도, 좋은 날씨가 항상 내 편은 아니었다.

2018년 여름에 울릉도 성인봉을 마지막으로 명산 도전을 끝냈다. 남아 있던 50여 개의 명산을 벼락치기로 정복한 것이 아니라, 여건이 될 때마다 조금씩 조금씩 다닌 것이 주효했다. 목표를 빨리 끝맺고 싶은 욕심을 버리고 차근차근 실천한 덕분에 큰 결실을 얻었다. 간혹 단단히 마음먹고 공부를 시작하다가 작심삼일로 끝나 자책하는 사람도 있을 것이다. 성공과 실패를 반복하면서 조금씩 조금씩 공부하는 습관을 들이자. 물론 습관을 바꾸는 것은 무척 어려운 일이다. 그러나 그것 외에 현실을 변화시킬 방법은 없다.

예나 지금이나 언론은 그 시대에 두각을 나타내는 사람, 즉 성공한 사람 위주로 취재한다. 특히, 젊은 나이에 성공한 사람일수록 취재를 당할 확률은 더 높다. 하지만 나와 같이 평범한 사람은 굳이 젊은 나이에 성공할 필요는 없다. 대기만성, 늦게 성공해도 좋으니 날마다 꾸준히 공부하여 마지막에 인생의 승리를 거두면 되는 것이다.

일류대학, 대기업에 못 갔다고 해서 실망할 필요는 없다. 그것은 인생의 한 과정에 지나지 않는다. 마지막에 웃을 수 있는 인생을 목표로 삼자. 그렇게 하려면 날마다 조금씩 꾸준히 공부해야 한다. 만일 지금 나이가 40세라면 인생을 80으로 보았을 때 이제 반환점을 돈 셈이다. 커널 샌더스는 60대의 나이에 KFC를 창업하여 세계적 프랜차이즈 기업으로 키웠다.

40대 이후 성공한 사람들은 젊은 시절의 실패와 경험을 바탕으로 장기적 안목과 리스크 관리능력을 갖추게 된다. 이들은 조급함을 버리고, 자신의 페이스를 유지하며, 끈기, 실패를 자산으로 삼는 태도가 남달랐다. 인생에서 누구나 다소 힘들고 불리한 때가 있다. 그런 어려움을 극복하고 마지막에 웃는 사람이 되려면 한 방의 역전 홈런보다 연속 안타를 쳐서 착실하게 득점을 올려야 한다. 다시 말해 하루하루 꾸준히 공부하여 최종적으로 인생 게임에서 승리하면 되는 것이다.

[차근차근 꾸준히 다녀야 할 운악산]

기암괴석이 장관을 연출하는 운악산

낯선 시골 마을, 가평상회 버스정류장에 내려서 현등사 일주

문을 지난 뒤에 눈썹바위 방향으로 처음 등산한 운악산. 2009년에는 청량리역 현대코아 앞에서 운악산 입구 가평상회 앞 버스정류장에 서는 시외버스(1330-44번)가 있었다. 서울을 벗어나면 춘천 가는 도로에서 청평을 지나자마자 조종천을 따라 차창밖의 시골 풍경을 보면서 약 2시간 만에 도착한다. 그 뒤로도 여러 차례 가평군 조종면 현등사, 포천시 화현면 운악산자연휴양림에서 출발하는 등산로에서 짜릿하고 험한 운악산의 명품 경치를 마음껏 즐겼다. 어느 곳에서 오르내려도 까다롭고 힘든 암릉을 피할 수 없는 경기 5악에 드는 명산이다.

운악산에서는 벼락치기라는 말이 통하지 않을 정도로 고약한 암릉이 포천과 가평 양방향에 병풍처럼 펼쳐졌다. 등산객이 즐겨 찾는 현등사 코스는 눈썹바위를 지나서 병풍바위 전망대에 도착하면 일단 입이 쩍 벌어져 다물지 못할 절경을 만난다. 위에서 아래로 오른쪽에서 왼쪽으로 병풍을 두른 듯 기암괴석의 경치는 금강산 옥란관을 지나서 구룡폭포 가던 절경과 완전히 닮았다. 운악산 병풍바위를 보면 "여기가 금강산이네!" 라는 말이 저절로 나온다. 하지만 이 풍경을 마냥 좋아할 것이 아니다.

토봉, 미륵바위에서 만경대로 고도를 높여 가면서 불꽃처럼 몸이 타오른다. 운악산에 처음 온 등산객들은 혼이 쏙 빠지는 경험을 한다. 반대편 운악산자연휴양림에서 출발해도 사정은 마찬가지다. 무지개폭포(홍폭)와 운악사 방향으로 올라가는 등산로가 있는데 차근차근 오르지 않으면 도저히 정상까지 갈 수가 없을 정도로 험하다. 무지개폭포(홍폭)에서 신선대까지는 그렇다 치고, 이후에 궁예 대궐터부터 애기바위 능선까지 또 한 번 혼이 쏙 빠진다.

서봉 면경대로 올라오는 운악사 절 코스는 더욱 경사도가 심해서 할 말을 잊을 정도로 어렵다. 서봉에서 궁예성터, 운악사, 자연휴양림으로 내려가는 것도 몹시 험하다.

어려운 바위 등산로 길에 설치해놓은 U자형 발디딤 쇠못을 밟고 한 걸음 한 걸음 앞을 내디디면서 조심스럽게 올라선다. 아무리 급해도 두 개씩 밟을 수 없는 것은 "날마다 조금씩 꾸준히 공부하라"는 것과 똑같다. 빨리 올라가고 싶어서 벼락치기로 두 개씩 딛다가는 될 일도 안 되고, 사고를 당하기 쉽다.

이쪽저쪽에서 거대한 바위를 뚫고 올라오면 그토록 갈망하던 정상이다. 운악산은 정상에 두 봉의 표지석이 있는데 최고봉인 동봉(937.5m)이 서봉(935.5m)보다 2m가 더 높다. 서로 10분 거리인데 동봉은 가평 쪽에, 서봉은 포천 쪽에 있는 봉우리다. 정상의 조망은 가평 방향의 만경대보다 덜하다. 만경대는 경기도 동북·서북 방향의 명산을 조망할 수 있는 지점으로 동쪽으로 칼봉산, 연인산, 명지산, 석룡산, 화악산, 북쪽으로는 명성산, 백운산 등의 파노라마 풍경을 감상할 수 있다. 서북 방향으로는 왕방산, 소요산의 풍경이 한눈에 들어온다. 어려움과 고통을 반복하면서 조금씩조금씩 올라와서 뿌듯함을 맛보는 정상에서의 휴식은 달콤하다.

만약 목표를 빨리 끝맺고 싶은 욕심을 품고 급하게 서둘렀다면 정상의 달콤한 휴식이 가능했을까? 욕심을 버리고 차근차근 실천한 덕분에 큰 결실을 얻었다. 운악산 등산을 인생에 비유해 보기로 한다. 조급함을 버리고, 자신의 페이스를 유지하며, 끈기, 고통을 자산으로 삼는 태도가 필요한 산이다. 인생에서도 누구나 다소 힘들고 불리한 때가 있다. 그런 어려움을 극복하고 마지막에 웃는 사람이 되려면 하루하루 꾸준히 공부하는 습관이 필요하다.

동봉과 서봉에서 휴식을 취하면서 주변의 빼어난 전망을 보고서 절고개 방향으로 틀었다. 지나온 암봉의 능선을 바라보니 감회가 새롭다.

능선을 길게 걷고 싶은 마음에 절고개에서 백호능선으로 등산 스틱을 꽂았다. 운악산 백호능선은 호랑이 등 모양의 능선에 흰 바위가 많아서 붙인 이름이라고 한다. 푸른 소나무와 어우러진 모습이 힘차게 승천하는 용의 지형이라서 '청룡능선' 이라고도 한다. 누가 이름을 달았는지 정말 그럴싸한 모습이다. 운악산은 다닐 만한 등산로로는 모두 다녔다. 조금이라도 좋으니 날마다 꾸준히 공부하는 마음으로 여러 해를 들락거린 덕분이다. 인생에서 날마다 꾸준히 공부하여 마지막에 승리를 거둔 사람이 더 높은 지식과 풍부한 경험을 얻는다. 벼락치기 인생을 살고 싶지 않다면 목표를 계획하고 차근차근 실천하는 생활 습관을 갖도록 해보자.

 정상까지 얼마 남았어요?

"저기요! 정상까지는 얼마나 더 가야 하나요?"

가끔 이런 말을 들으면서 정상에서 내려올 때가 있다. 올라가는 사람과 내려가는 사람들의 표정이 확실히 다른 순간이다.

"아! 조금만 더, 한 10분, 200m면 곧 정상입니다."

친절하게 대답한다. 그렇지만 목구멍부터 숨이 깔딱깔딱하는 사람들에게 그 10분, 200m는 세상에 태어난 뒤로 가장 긴 시간 또는 가장 먼 거리로 느껴질 수도 있다. 이제 막 등산에 재미를 맛보는 등린이에게 "곧 정상"이라는 희망적이었던 말이 충격적인 사실이 되기도 한다.

"여기만 올라가면 정상이겠지!"라고 스스로 마지막 힘을 쏟았는데, 정상이 몇 개나 되는 봉우리 뒤에 숨어 있는 산도 있다. 엎친 데 덮친 격으로 경사가 심한 오르막이라면 등산을 포기하고 싶다는 마음도 든다.

남양주 천마산, 울주군 가지산 중봉, 양평 용문산 백운봉, 홍천 공작산에서 봉우리 뒤에 숨어 있는 진짜 정상의 모습에 당황한 경험이 있었다. 눈앞에 보이는 것이 끝이 아니었다. 산의 본질은 뒤에 숨어 있었다. 쉽게 보이는 것 뒤에 진짜 중요한 핵심이 숨어 있고, 겉으로 드러나지 않은 더 높은 목표는 뒤에 숨어 있다.

이런 경우를 35년 직장 생활에 비유하면 그럴싸한 모양이 나온다. 멋도 모르고 날뛰다가 일이 서투른 사원 시절, 고비마다 어려움이 닥치면 자질구레하게 불평을 토하던 대리 시절, 고생 끝에 정상에 오른 듯한 기분이 들 만큼 이곳저곳에서 '님'이라는 호칭을 붙여주던 과장 시절이 있었다. 사원 시절에 늘 뒤에 앉아 있는 과장님은 내가 가장 빨리 올라가고 싶은 목표였다. 역경이 재능을 일깨운다고 강조하는 영국의 작가 새뮤얼 스마일즈는 "하늘은 스스로 돕는 자를 돕는다", "끈기는 모든 승리의 비결"이라는 명언을 전한다. 무슨 일이든 노력과 끈기는 기본이고, 도전과 실패 과정을 겪은 뒤에 성장도 하고 목표도 이룰 수 있다. 이런 당연한 이치를 알면서도 막판에 이르러 지쳐서 포기하거나 목표를 눈앞에 두고 돌아서는 일을 저지르기도 한다.

"얼마나 더 올라가야 해요, 얼마나 남았어요?"라는 말은 끈기와 관련이 있는 말이다. 끈기야말로 우리 삶에 꼭 필요한 미덕이다. 끈기가 있어야 성공도 하고 목표도 이룰 수 있다. 우리는 끈기의 대명사로 마이크로소프트를 세운 빌 게이츠와 폴 앨런을 기억하고 있다. 남들이 멍청한 짓이라고 할 때, 허름한 차고에서 숱한 도전과 실패를 이기고 인류 역사에 남은 획기적인 발명을 했다. 이 순간에도 세계 전역에서 사용되는 개인용 컴퓨터 소프트웨어를 개발했다. 성공은 수많은 실패를 견뎌낸 끈기의 결과다.

[영남 알프스 우두머리 가지산]

생각보다 광대한 영남 알프스

석남터널 앞에서 우르르 사람들이 버스에서 내렸다. 이번에는 서울 사당역에서 출발한 안내산악회 버스를 이용했다. 가끔 안내 산악회 버스를 이용하는 이유는 경제적이고 편리하기 때문이다. 지방의 명산을 오갈 때 손수 자가 승용차를 운전하면 신경 쓸 일이 한두 가지가 아니라서 안내산악회 버스는 큰 도움이 된다.

진달래꽃이 볼 만 한 가지산 등산은 4월에 인기가 높고, 석남 터널에서 출발하면 중봉까지 절정의 풍경을 즐길 수 있다. 보통 석남터널~중봉~정상까지 등산 거리는 3.4km, 2시간 정도 걸린다. 중봉 아래까지는 비교적 잔잔한 능선을 걷다가 갑자기 숨이 깔딱깔딱할 정도의 격한 오르막이 나타나 제법 고생을 한다. 가지산이 그냥 평범한 산이 아니라는 것을 증명이라도 하듯이 중봉부터 정상과 쌀바위 부근은 온통 암릉이다.

가지산(1,240m)은 영남알프스 최고봉으로 등산이 가장 힘들다. 이 산이 중심축이 되어 근처의 운문산(1,188m), 천황산(1,189m), 재약산(1,108m), 신불산(1,159m), 영축산(1,081m), 고헌산(1,034m), 간월산(1,069m)이 능선으로 연결된다. 그리고 이 산군을 묶어서 영남알프스라는 이름이 붙었다. 4,000m급의 산봉우리에 만년설이 덮여 무려 1,200km나 길게 이어진 유럽의 알프스산맥보다 영남 알프스의 규모는 훨씬 작다. 그래도 균형 있게 자리 잡은 모양이 유럽의 알프스산맥과 어울린다고 한다.

가지산 등산은 맨땅부터 시작하면 힘들 것이 뻔해도, 이미 해발 600m 석남터널에서 출발하니 그만큼 수월하다. 석남터널에서는 당장 시작부터 가파른 계단 때문에 가지산 처녀 등산객은 당황할 수 있다.

"이 산 왜 이래! 계속 오르막만 있는 거 아냐?"

다행히 정상 부근에 급경사와 암릉 구간이 몰려 있어서 처음부터 잔뜩 겁먹을 필요는 없다. 초반부터 인내심과 끈기를 시험하듯 고약한 오르막 계단과 돌무더기는 약 400m나 된다. 봄날에는 선홍색 진달래꽃을 보는 맛에 초반의 고통은 어느 정도 잊을 수 있었다. 뒤를 이어 오는 사람들이 토해내던 거친 숨소리는 능동산으로 갈라지는 이정표가 나타난 능선까지 계속되었다. 한동안 마른 가지에 핀 진달래꽃만 계속 보면서 평온하게 걷는다.

4월 초 가지산의 기온이 예상보다 포근했던 이유도 있다. 진달래와 꽃 피는 시기가 다른 철쭉나무는 허연 줄기를 드러낸 채로 군데군데 군락을 이룬다. 간이매점 앞에 있는 가지산 철쭉나무 군락 안내판, 석남터널부터 산등성이를 따라 20만 그루가 있고, 우리나라에서 규모가 가장 크다고 한다. 가지산 철쭉나무 군락은 2005년 문화재청이 천연기념물로 지정할 정도로 자연환경 가치가 높다고 한다. 이 산에 철쭉꽃이 가득한 풍경이 매력적이라서 그 꽃이 피는 5월에 등산하는 것이 좋겠다.

순조롭게 걷던 길에서 복병을 만났다. 간이매점부터 놓인 목조계단, 중봉까지 올라가면서 내리막이나 평지가 없는 오르막만 탄다. 이따금 고개를 쳐들면 오른쪽 상부에 큰 바윗덩어리로 된 정상부 쌀바위가 보인다. 경사도가 제법 있는 오르막이라서 도대체 얼마를 더 올라가야 할지 거리를 가늠할 수가 없다.

"여기 오르막 끝이 정상이겠지!"

그렇지만 정상이 보이지 않는 상황에서 울퉁불퉁 돌무더기 등산로를 계속 올라가다가 이런 생각이 드는 것은 당연하다. 정상이라고 믿고 올라온 곳은 중봉, 정상은 30분이나 더 올라가는 중봉 뒤에 숨어 있었다. 지리산 제석봉을 지난 뒤에 천왕문 근처에서 정상 천왕봉이 숨겨져 보이지 않던 것과 같다. 돌무더기를 힘겹게 밟고 올라가는 등산로까지 묘하게 닮았다.

"도전이 없으면 성취도 없다"는 미화 100달러 지폐의 주인공 벤저민 프랭클린의 명언이 생각나는 대목이다.

"정상까지는 얼마나 더 가야 하나요?"

도전 정신과 끈기가 부족해 보이는 말은 하지 않기로 했다. 도전을 통해 자신의 한계를 시험하고, 잠재력을 발휘하며, 더 큰 성취를 이룰 수 있다. 도전하지 않는 조직이나 개인은 큰 성취를 이루기 어렵고, 실패하더라도 그 과정을 성장통으로 받아들이고 끈기를 가지고 재도전하면 더 큰 성공을 이끈다. 도전과 끈기는 누구나 실천할 수 있으며, 꾸준한 노력과 긍정적인 태도가 결국 바라던 결과를 이끌어낸다.

낑낑대면서 두 개의 정상 표지석이 있는 가지산 정상으로 올라섰다. 영남 알프스의 수많은 봉우리를 호령하는 우두머리 산답게 사방팔방으로 높이에서 압도적이다. 어느 산이 신불산이고 운문산인지, 시야가 탁 트여서 정상의 조망은 흠잡을 데가 없을 정도로 빼어나다. 석남사에서 깊숙이 올라온 계곡은 정상을 휘감은 형세, 주변의 암릉은 비범함까지 넘친다. 쌀바위에서 석남사로 내려오던 때, 두 아가씨가 내게 물었다.

"아저씨, 정상까지 얼마 남았어요?"

뻔한 대답을 했다.

"조금만 더 올라가면 돼요. 힘내요!"

정말 힘들어서 내게 물어본 것은 아닐 것이다. 도전과 끈기에 대한 자신들의 의지를 확인한 말일 것이다. 도전과 성취. 목표를 이루는 것 자체보다는 그 과정에서 무엇을 배우고 얼마나 성장하느냐가 더 중요하다.

 **올해는 새해 해돋이를 보지 못했다**

해돋이는 어느 곳에서나 볼 수 있는 멋진 모습. 그렇지만 일단은 부지런해야 하고 날씨가 좋아야 볼 수 있다. 아무리 멋진 해돋이 명소라고 한들 내가 때를 맞춰 일어나지 못한다면 말처럼 그저 해돋이 명소일 뿐이다. 해돋이는 동트기 전부터 산에 드리워지는 붉은 기운의 웅장함을 잡아야 제맛이다.

해마다 새해가 되면 해돋이 명소에 사람들이 구름떼처럼 모여든다. 바닷가, 산, 들녘 어디든 장소를 가리지 않는 해돋이 열풍은 새해 첫 뉴스로 보도하기도 한다. 우리는 왜 해돋이에 그토록 열광하는 것일까?

새해 첫 해돋이는 다른 날보다는 특별한 의미를 둔다. 한 해에 가득 담긴 계획과 실천의 새로운 각오를 하고, 올해도 가족의 평강을 바라는 등 각자의 소망을 담아 올리기 때문이다. 그래서 다른 사람보다 더 빨리 소망을 담아 올리려는 마음에 해가 가장 빨리 솟는 바다와 높은 산에 올라간다. 조선 중기, 송강 정철이 동해안을 다니면서 남긴〈관동별곡〉에 해돋이 장관을 역동적인 문장으로 남겼을 정도로 해돋이는 특별한 풍경이다. 새벽의 어스름을 젖히고 조금씩 올라오는 태양의 뜨거운 몸짓을 보려고 그도 새벽에 일찍 일어났다.

"낙산 동반으로 의상대에 올라 안자/ 일출을 보리라 밤중만 니러 하니/ 상운이 집픠난 동 육룡이 바퇴난 동/ 바다를 떠날 제 는 만국이 일위더니/천중에 치뜨니 호발을 혜리로다."

송강이 경험한 해돋이는 표현이 과장된 듯해도 모든 사람이 공감할 황홀한 해돋이라는 것이다. 지상 최초의 해돋이를 영접하려면 높거나 낮거나 산봉우리로 가야 한다. 그것도 때를 잘 맞춰서 말이다. 해돋이는 거대한 자연 속에서 산이 토해내는 열정적 기운을 품은 붉은 여의주. 한동안 붉은 융단을 펼친 듯 먼 산이 아른거리다가, 살포시 머리를 내민 태양은 점점 호박만 하게 커지다가 순식간에 날이 밝으면 해돋이는 끝이다. 산이 밤새 10시간을 품고 있던 태양을 순식간에 출산하는 그 순간에 나도 모르게 마음이 뭉클해진다. 한동안 넋을 잃고 바라보던 태양의 몸짓. 나도 그때는 세상의 모든 소원을 태양에게 속삭인다. 하지만 마음에 품은 소원을 모두 비는 데는 해돋이 시간이 너무 짧다.

[3년 내리 북한산 영봉 해맞이 산행]

올해는 새해 해돋이 맞이에 실패했다. 부지런하게 움직였음에도 날씨의 은혜를 받지 못하고 까만 구름 뒤에서 불꽃처럼 피어

오르던 광채로 만족해야 했다. 그래도 태양은 구름 속에서 당당하고 위대한 존재감을 잃지는 않았다. 새해 해맞이를 보려고 애써 멀리 있는 명산을 찾는 편은 아니지만, 가까운 북한산 영봉은 내리 3년을 오른 적 있다. 집에서 가깝고 새벽부터 조금만 부지런함을 떨면 큰 고생을 하지 않아도 되기 때문이다.

그러나 같은 곳에서 해마다 장엄한 새해 해돋이를 만나지는 못했다. 이런 날씨 저런 날씨 때문에 태양의 꽁무니조차 볼 수 없을 때도 있었다. '3대에 걸쳐 덕을 쌓아야 지리산 천왕봉 일출을 볼 수 있다' 는 말이 나올 정도로 해돋이 구경은 어렵다. 그래도 태양은 어김없이 솟아오른다.

북한산 영봉에서 맞으려던 새해 해돋이

우리 인생을 해돋이와 비유하면 어떨까? 태어날 때는 이 세상에서 뭔가 크게 되려고 크게 한바탕 울음을 터뜨린다. 부모님에게는 큰 희망이고 화려하게 빛나는 집안의 보석 같은 존재가 아니었던가?

인생을 살면서 만나는 숱한 사람들, 비록 보이는 것은 외모라도 보는 것은 그들의 마음이다. 아무리 겉이 초라해도 마음이 온화한 사람은 그의 본성이 모두에게 보이게 마련이다.

"나는 어떻게 인생을 살아왔고 앞으로 어떻게 살 것인가?"

누구나 생각하는 자기 인생론으로 많은 생각이 들도록 하는 말이다. 타인에게 잘 보이길 바라면서 알맹이 없는 사람으로 인생을 살아온 것은 아니었던가? 한때는 나도 인맥이 넓으면 사람들에게 인정받고, 성공한 사람으로 생각했던 적이 있다. 아는 사람이 많다고 해서 실질적 도움을 받거나 신뢰를 얻는 것은 아니며, 진정한 인맥은 넓이보다 진정성이라는 사실을 알게 되었다. 그것을 깨우치는 데는 오랜 세월이 필요했다. 진정성 없는 인맥을 넓히는 일은 생각보다 간단하다. 그런 식으로 인맥을 넓히면서 얻는 것이 없으면 관계를 소홀히 하는 태도는 결국 신뢰를 잃게 만들고, 시간이 지나면 오히려 불행으로 이어질 수 있다는 사실도 알게 되었다.

어린 시절에는 아침 해나 보름달을 보면서 소원을 말하면 다 이루어지는 줄 알았다. 나이가 들어서도 그걸 계속하고 있는 이유는 뭘까? 솟아오르는 새해 첫 태양을 보면서 마음속으로 소원을 비는 것은 누구나 하는 일이지만 그 소원이 저절로 이루지는 것은 아니었다. 감나무에서 잘 익은 홍시가 내 입에 툭 떨어지기를 바란 것은 아니었나? 인생의 여정에서 모든 일이 계획대로, 소원대로 잘 풀리지 않는 시기도 있다. 모든 일이 바라는 대로 풀렸다면 세상 일은 흥미롭지도 않았을 것이다.

세상은 처음부터 끝까지 잘 풀린 사람의 삶보다 다양한 경험을 통해 어려움을 이기고 성공한 사람의 이야기를 더 좋아한다. 어떤 해는 이렇고 또 어떤 해는 저런 일이 인생의 훼방꾼이 된다. 앞이 보이지 않을 정도로 막막한 어둠의 터널도 지나야 할 때도 있다. 직장에서도 가정에서도 정도는 다르지만 비슷한 어려움을 겪었다. '어두운 터널의 끝은 어디일까, 이 과정은 언제 끝이 나는 걸까?' 앞이 보이지 않을 어려운 시기를 벗어나는 데는 무작정 비는 소원이 정답은 아니다.

상당한 인내심을 바탕으로 하는 계획을 착실하게 실행해야만 한다. 흐린 날이 있어 태양을 보지 못했다면 그다음은 반드시 우리 앞에 열정적이고 역동적으로 솟아오르는 태양이 있기 마련. 그래서 해돋이는 우리에게 용기와 방향을 제시하는 어떤 길라잡이가 아닐까?

"이 또한 지나가리라(This too shall pass away)."

랜터 윌슨 스미스의 시 제목이자, 기쁨과 슬픔을 모두 지나가는 순간으로 바라보게 하는 격언이다.

"지나가지 않는 것은 없다"는 진리를 전하며, 인생의 조언으로 널리 인용된다. 어렵고 슬픔의 시간에는 위로로, 성공과 기쁨의 순간에는 겸손이라는 메시지를 전하기도 한다.

올해도 새해 첫 해돋이를 보는 데 실패했다. 흐린 날씨 때문에 기대한 일출 행사가 아쉬웠다는 뉴스도 나왔다. 새해 다음 날 고향으로 내려가다가, 한적하고 조용한 어느 시골 마을의 저수지에 차를 세우고 해돋이를 구경했다. 비록 하루가 늦었어도 나에겐 그것이 새해 첫 해돋이였다. 이글거리며 솟구치는 태양을 보고 서 있으면서도 거창한 소원을 빌지도 않았다. 나이가 들수록 믿음의 두께도 얇아져서 그런 것 같다. 마음에 품고 있던 모든 소원을 말하기에는 해돋이 시간이 너무 짧다. 소원은 많고 해돋이는 순식간에 끝나니 소원이 무슨 의미가 있을까? 언젠가 기억도 나지 않던 시절에 빌었던 그 소원, 허무맹랑한 것이었더라도 가끔은 그것에 맞춰 나답게 인생을 살아가면 되기 때문이다. 욕심 없이 평범하게 잘 살아온 내 삶, 이것이 진짜 제대로 이루어진 소원이 아닐까.

시련을 이기다

 **오르막 없는 정상은 없다**

'끝까지 쭉 편한 길만 걸으면 좋겠다' 는 얄팍한 생각이 드는 때도 있다. 늘 다니는 동네 산부터 해발 1,000m 넘는 높은 산까지, 등산로 사정은 비슷하다. 오르막 없는 정상은 없다는 말을 실감한다. 그렇다고 깔딱깔딱 죽을 것만 같은 오르막만 있는 것도 아니다. 모든 산마다 적당히 평지를 걷기도 하고 다리가 끊어질 듯 험한 경사로를 오르기도 한다.

우리 삶의 여정은 어떠한가? 어느 나이대에서는 세상 편한 삶의 행복감에 푹 빠져 살다가도, 또 어떤 나이에 들면서는 일상이 팍팍하고 미래가 불투명해 보일 때도 있다. 이럴 때는 산에서 답을 찾아보는 것은 어떨까? 삶은 행복함과 팍팍함이 서로 반복되는 인생 여행이다. 행복할 때는 행복을 즐기되 어려운 시기를 대비할 현명한 지혜를 축적해야 한다. 등산에서 알게 된 평범한 진리인데 그동안 왜 제대로 깨닫지 못했는가.

반드시 오르막을 올라야 정상에 닿는 이치와 삶의 여정은 같은 맥락이다.

"오르막 없는 정상은 없듯이 고통 없는 삶도 없다."

인생의 본질을 간명하게 표현한 문장이다. 누구나 크고 작은 어려움, 상실, 외로움, 실망을 겪게 마련이고, 그것은 인간으로 살아가는 삶의 일부다. 지나온 등산로에서 겪은 험한 고통, 삶의 여정에서 부딪치는 고통이 반드시 불행만을 의미하지는 않는다. 등산과 마찬가지로 고통을 통해 우리는 성장하고, 더 깊은 공감과 이해를 배우며, 진정한 기쁨과 감사도 더 선명하게 느낄 수 있다. 어려운 오르막을 오르면 그토록 간절하게 바라던 정상이다. 정상에서 맞이하는 장쾌한 풍경은 고통을 이겨내고 얻은 찬란한 보석과 같다.

"고통 없는 삶은 없고, 오르막 없는 정상은 없다."

숱한 아픔과 수고 속에서도 우리는 여전히 앞으로 나아가는 중이다.

정상에서 바라본 용문산

추석 연휴를 앞두고 고향에 갈 시간이 남아서 근교 산행을 나섰다. 서울에서 가까워서 회사 야유회, 주말 나들이로 가끔 다니는 양평 용문산이다. 이전에 용문사 은행나무에서 출발해서 정상까지 다녀오면서 죽을 고비를 넘긴 기억이 있었다. 그보다는 덜 할 것이라는 기대에 용문산 백운봉부터 쭉 능선을 타고 걷자고 동선을 짰다. 그런데 그 기대는 완전히 빗나갔고, 용문산자연휴양림에서 백운봉으로 올라가는 거센 오르막을 만나는 바람에 등산을 포기할까 했다.

"아무래도 이 산은 나랑 궁합이 잘 맞지 않는 것 같아!"

용문산은 우리나라에서 등산객이 제천 가은산, 춘천 삼악산과 함께 등산하기 싫은 3대 악산으로 여긴다. 왜 그럴까? 산이 높아서가 아니라 오르내림이 심해서 혼을 빼기 때문이다. 이왕 시작한 산행이고 이보다 더한 곳도 다닌 터라 그냥 포기할 내가 아니다. 걷다가 기진하면 쉬어가기를 되풀이하다가 '한국의 마터호른' 백운봉 정상에 도착했다.

용문산 백운봉(941m)은 근처를 지나가는 중부내륙고속도로와 마을에서 바라보면 뾰족한 모습이 스위스 체르마트의 마터호른 산과 닮았다. 운무에 휩싸이면 신비로운 풍경을 볼 수 있어서 백운봉이라는 이름이 붙었다. 정상 가섭봉보다 사람이 적어서 한적하게 조망을 즐긴다.

산 아래에 신라 신문왕 7년인 687년에 의상이 창건했다는 사나사(舍那寺)가 있다. 사나사 계곡은 봄 벚꽃, 여름 피서, 가을 단풍이 아름다워 찾는 사람도 많은 명소이고, 계곡에서 백운봉으로 등산로가 연결된다. 어느 방향에서 출발해도 백운봉 정상에서 날카로운 암릉과 마주하며, 무턱대고 갔다가는 당혹감을 감출 수 없을 정도로 험하다. 날씨가 좋은 날은 멀리 북한산·도봉산까지 조망할 수 있는 풍경 맛집이다.

날카로운 백운봉 암릉에서 내려오면 차례차례 함왕봉과 장군봉이 나타난다. 장군봉에 이르면 수도권에서는 드물게 1,000m가 넘는 능선을 걷는다. 능선에서는 설악산, 오대산 등 강원도 고산지대에나 볼 수 있는 귀한 금강초롱을 만날 수 있다. 정상

가섭봉에서 펼쳐지는 조망은 푸른 하늘 아래서는 더욱 장관이다. 북한산·도봉산·치악산을 하나하나 손짓으로 짚어볼 수 있을 정도로 멋지다.

정상까지 오면서 겪었던 고통은 전혀 기억나지 않을 정도로 풍경에 몸과 마음이 동화되었다. 용문산 정상의 랜드마크인 노란색 은행 단풍 조형물에서 함박웃음으로 찍은 사진도 잘 나왔다. 등산로가 힘들어서 궁합이 맞지 않는 산이라고 불평하던 생각이 완전히 사라졌을 때 100년 은행나무 용문사로 내려간다. 오르막 없는 산 없지만 그렇다고 정복하지 못할 산도 없었다.

[월출산 공룡능선 산성대 능선]

영암 들판 가운데 우뚝한 월출산 공룡능선의 장관

　강진 덕룡산에서 멀리 조그맣게 보이던 월출산은 영암 너른 평야에 우뚝 솟아 있어 어디서든 눈에 확 뜨이는 영암의 랜드마크다. 해발 809m 천왕봉에서 뻗은 산은 여러 화강암 봉우리를 거느리고 있는 모습이 장관이고, 기찬 바위만 골라 박아놓은 하나의 멋진 석부작에 비교해도 손색없다. 그래서 무시무시한 돌산은 처음 보는 순간 더럭 올라갈 엄두를 내는 데 망설여지는 이유이기도 하다. 등산로가 하도 험해서 예로부터 오르지 못하고 멀리서 바라보는 산이었다고 한다.

　그중에서도 험하기로 소문난 산성대 코스가 1988년 국립공원으로 지정된 이래 27년 만인 2015년에 개방되었다는 소식을 들었다. 개방 후 2년이 되던 이른 봄에 월출산의 고장 영암에 다시 발을 디뎠다. 봄에 월출산의 가장 거친 코스를 고른 건, 영암을 넘어 남도의 거대한 들판에 파릇파릇한 봄이 솟아나는 뛰어난 조망 때문이다.

　산성대 코스를 오르는 내내 등 뒤로는 초록의 기운에 더하여 노랑 유채꽃이 시작된 풍경과 굽이굽이 영산강의 물줄기가 펼쳐졌다. 산성대 코스에서 가장 위험한 구간이자 최고의 절경이라면 문바위를 지나 천황사 코스와 길이 합쳐지는 광암터까지 이르는 구간이다. 불꽃 같은 암릉을 두르고 있는 바위를 타고 넘는 아찔한 구간에 놓아둔 난간과 철제 다리가 아니라면 감히 엄두도 못 낼 곳이다. 가야산국립공원 만물상 코스와 닮았고, 설악산 공룡능선에 버금갈 정도로 어렵다.

줄곧 포효하는 사자의 갈기 같은 암봉은 바람만 불면 갈기가 휘날릴 기세, 차곡차곡 쌓인 돌을 넘다가 적당히 진도 빠진다. 너른 바위가 펼쳐진 광암터에서 최강의 고통을 극복하고 올라온 터라 이곳에서 잠시 한숨 돌린다. 오르막 없는 산이 없을진데 산성대 코스는 왜 그렇게도 힘들었던가? 오죽하면 선비들이 금강산이며 지리산 같은 큰 산을 유람하며 남긴 산행기는 많아도, 월출산 산행기는 거의 찾아볼 수가 없다. 멀리서 바라본 김시습, 다산 선생의 월출산 기록을 이곳저곳에서 읽을 수 있다.

산성대 코스는 월출산 둘레길인 '기찬뫼길' 들머리에서 출발하여 통천문을 뚫고 천황봉에 올라서면서 거친 여정을 마친다. 정상부터 뻗은 거친 능선의 암봉, 끝없이 펼쳐진 거대한 평야와 해남·강진의 바다 경치가 장관이다. 정상에서 만난 사람들의 표정은 고통 없는 밝은 모습이다. 하늘이 월출산에 내린 영험한 기운을 듬뿍 받은 사람들은 남쪽으로 북쪽으로 흩어져 내려간다. 거칠고 숨 가쁜 일정을 마치고 영암 중심지로 들어와서 '영빈관'에 자리를 잡았다. 혼자 들어온 손님이라서 의아한 눈길을 보내던 종업원은 내가 주문한 양을 보고 금세 표정이 밝아졌다. 영빈관은 영암에서 이름난 영산강 낙지 요리 전문점으로 몇 해

전에는 왕인문화축제 취재차 왔다가 들러서 맛있게 먹었다.

월출산 산행의 절정은 멋진 봄날 여행지에 들러 보는 재미다. 막 봄기운이 번져가는 영암 땅에는 신라 말 도선국사의 자취가 깃든 1200년 땅의 역사 구림마을, 백제 왕인 박사의 발자취가 남아 있는 도갑사가 있다. 강진의 월출산 자락에는 연두색 차밭과 다산 정약용이 거닐던 백운동, 그리고 천년고찰 무위사가 있다.

 ## 사람이 제 아니 오르고 뫼만 높다 하더라

"뭐 이런 산이 다 있어!"

"이 산은 정말 두 번은 오고 싶지 않아!"

산행을 다니면서 흔히 듣는 말이다. 나도 그런 마음이 들 때가 있다. 다른 사람에게 쉬워 보이던 산이 정작 본인에게는 어렵지 않았던가?

어떤 사람은 얼굴에 땀 한 방울 없이 정상에 도착해서 기분 좋게 앉아서 쉬고 있다. 그렇지 못한 사람은 물에 빠진 생쥐 꼴, 얼굴은 오만상 찌그러진 상태로 축 늘어져 있다. 산행을 시작했으니 중간에 포기하고 내려온다는 일은 자존심을 구기는 짓이다. 뭔가 해냈다는 성취감을 위해, 다른 사람들에게 약한 모습을 보이기 싫어서 꾹 참고 올라간다. 이렇게 하는 게 좋은 줄로 생각했는데 결과는 그렇지 못했다. 쓸데없는 자존심을 내세우다가 몸이 상해서 산행 후에 일주일 동안 지하철 계단 오르내리는 것조차 힘들었다.

마음에 들지 않으면 자존심을 내려놓고 그 일에서 한동안 떨어져 타인이 되는 방법도 나쁘지는 않다. 그렇다고 무작정 오래 거리를 두는 것은 아니고, 몸과 마음이 허락할 때 다시 일에 매달리는 것이다.

"난 너무 급하게 정상이라는 결과만 쳐다보고 살았던 것은 아닌가?"

그랬다. 대기업에서 사회생활을 시작하면서 늘 돋보이고 싶은 욕심으로 쉬어 가는 여유를 스스로 허락지 않았다. 사원에서 대리로 승급할 때 탈락한 일이 있었다. 부서 안팎에서 아무도 예상하지 못한 일이라서 모두 당혹스러워했다. 나도 처음에는 인사권을 쥔 부서장을 원망하면서 그해 마지막 날에 차디찬 겨울바람을 안은 채 북한산 문수사로 올라갔다.

'무엇이 부족해서 그랬을까? 왜 나만 탈락했을까?'

비슷한 시기에 입사한 동기들을 볼 낯이 없어서 회사를 그만둘까도 생각했다.

'일에 거리를 두고 조금 쉬어서 가라'는 뜻으로 받아들이기로 하고 며칠 뒤 새해에 첫 출근 지하철에 올라탔다. 그 뒤에 다른 동료와 같이 과장 진급을 하고 몇몇은 대리를 마지막으로 일찍 회사를 떠나고 말았다. 또 한참 세월이 흘렀고 IMF를 겪으면서 반도체 회사 간의 합병, 채권단 매각으로 얼마지 않아 회사를 떠났다.

그렇게 될 줄 알았다면 아등바등 일에만 매달리지 말고, 취미 생활도 자기계발도 하는 여유를 가졌을 것을, 후회도 했다. 인생에도 직진 코스만 있지 않다는 걸 깨우쳤다. 등산로가 직진 코스만 있지 않고 여러 갈래로 나뉘고, 중간에 쉼터도 있다는 현실과 인생 항로는 같았다. 삶에도 오르내림이 있고, 더 긴 세월을 살다 보면 롤러코스터 등산로 같다는 것을 실감한다.

[악! 팍팍한 포장도로 치악산]

굽이굽이 아스라한 치악산

보문사 마당 난간에 서서 올라왔던 행구동 계곡을 물끄러미 내려다 본다. 등산로 입구에서 올라온 거리는 고작 1.3km, 앞으로 향로봉 정상까지 남은 거리는 1.2km이다. 남은 길도 경사가 심해서 걱정인데 보문사까지 올라오면서 죽을 맛이었다. 이유는 경사가 급한 포장도로 때문이다. 치악산 등산로는 걷다 보면 치가 떨릴 만큼 '악!' 소리 나는 두 개의 포장도로 구간이 있다. 하나는 '황골 입석사' 코스, 다른 하나는 '행구동 보문사' 코스다.

절에 기거하는 스님도 자동차가 없다면 큰 고생할 아주 못된 포장도로 오르막이다. 이 길을 무거운 배낭까지 짊어지고 올라가면 '악' 소리 데시벨은 더 높아지기 마련이다. 힘들이지 않고 오를만한 산이 이 세상 어디에 있단 말인가? 산이 아무리 낮아도 산이다. "오르고 또 오르면 못 오를 리 없건만"은 조선 중기 문인 양사언의 〈태산가〉 구절이다. 아무리 높은 산(목표)도 꾸준히 오르면 결국 정복할 수 있다는 뜻으로, 노력과 도전의 가치를 강조한다. 오늘날에는 '노력하면 어떤 목표든 이룰 수 있다'는 희망과 도전의 메시지를 전하는 말로 널리 쓰이고 있다.

치악산 등산은 수도권에서 비교적 교통편은 빼어난 편이다. 서울 청량리역 출발 중앙선 기차와 고속버스를 이용하면 편리하다. 그렇지만 치악산 능선까지 올라가는 여정이 쉽지 않다는 점이 이 산의 특징이다. 어디에서 시작하든 만만치 않은 오르막 등산로, 특히 구룡사 사다리병창길은 최고로 어려운 코스로 소문이 자자하다. 종주 등산이 아니면 비로봉, 향로봉, 남대봉 등 어디 한 봉우리만 선택하여 다녀오는 것도 이 산을 즐기는 방법이다. 상원사와 남대봉, 보문사와 향로봉까지만 원점회귀만으로도 충분한 운동이 된다.

너무 급하게 정상이라는 결과를 얻고 싶지 않아서 가끔 행구동에서 출발하여 보문사 작은 개울에 앉아서 놀다가 향로봉으로 올라가기도 한다. 여름철 물이 흔할 때는 작은 폭포에서 쏟아지는 물소리를 듣기에도 좋을 뿐만 아니라 아담한 절을 바라보면서 평온한 마음을 가져본다. 절 안에는 높이가 형편없는 청석탑이 있는데 뜨거운 여름의 태양에 선명한 청색으로 빛나는 모습도 볼 만하다. 행구동탐방지원센터 표지판 기준 향로봉까지 2.8km, 부지런히 걸으면 1시간 반 만에 정상에 닿는다. 하지만 전체 거리에서 보문사까지 1.3km는 오금이 저릴 정도로 힘겨운 딱딱한 비탈길 포장도로다.

'이러다가 죽겠다!' 싶은 생각이 들면 쉬었다가 다시 올라가는 게 약이다.

마음먹기에 따라서 아무리 거칠고 힘든 산이라도 재미있게 올라갈 방법은 있다. 정상까지 줄기차게 오르막인 산이 있다면, 치악산처럼 능선까지만 적당히 고생하면 다소 편하게 정상에 닿는 산도 있다. 이런 경우를 인생 여정에 비교하기도 한다. 최고의 인생 목표에 행복하게 도달하려면 적당한 노력과 어려움을 겪어야 한다. 그 과정에서 진짜 어려운 상황을 만나면 어떻게 해야 할까? 죽을 듯이 계속 일에 매달려야 하나, 아니면 포기해야 하나? 우리는 성공한 타인의 행복을 부러워만 한 적은 없던가? 그런 성공을 부러워만 했지, 노력은 하지 않고 그저 얻으려고 한 적은 없는가?

"사람이 제 아니 오르고 뫼만 높다 하더라"는 자신이 하지 않으면서 어려움만 탓한다는 비판을 담고 있다. 최고의 성공과 최고의 행복을 부러워만 했지, 정작 그것을 얻으려고 노력하지 않았다. 노력도 하지 않았는데 공짜로 얻을 것은 없다. 성공과 행복이라는 목표를 두고 오로지 한 걸음 한 걸음 나아가는 사람만이 그것을 얻을 수 있다.

이번 여름에도 보문사 개울 건너 나지막한 폭포 주변에 노루오줌꽃이 피었다. 해마다 같은 자리에서 분홍색 털북숭이 꽃을 볼 수 있다. 카메라 렌즈를 갈아 끼우고 사진을 담은 뒤에 한동안 아무런 생각 없이 시간을 보냈다. 하필이면 무더위에 달력조차 스스로 지친다는 7월이다. 묵직한 카메라가 들어있는 배낭 무게 때문에 보문사까지 올라오면서 사실 힘들었다. 급하게 향로봉으로 올라갈 일도 아니라서 충분히 쉬었다가 다시 걷는 것이 오히려 빨리 정상으로 가는 방법이다. 향로봉을 향하여 거침없는 오르막길에 접어든 순간부터 바짓가랑이로 파고드는 후텁지근한 열기로 몸은 다시 더워졌다.

올라갔던 팍팍한 포장도로를 다시 내려왔다. 시원한 아메리카노 한 잔이 간절하게 그리워 카페에 들렀다. 치악산 행구동과 곧은재 계곡에서 흘러내린 물이 모이는 원주천 삼광사거리 근처 한 카페에서 시그니처필라프를 곁들인 시원한 커피로 여름 등산의 더위를 날려 보냈다. 치악산 등산로 행구동 아랫마을은 원주 시민들이 즐겨 찾는 음식점은 물론 여유로운 시간을 보낼 카페도 많이 들어섰다. 특히 치악산 둘레길 1코스인 꽃밭머리길이 시작되는 곳이라서 비교적 대중교통이 좋은 편이며 주차장도 널찍하다. 산이 높아서 '뫼만 높다 하더라' 라는 표현이 딱 어울릴 만하다.

부지런하게 서울로 되돌아 나오던 길에 문막IC에서 원주 반계리 은행나무에도 들렀다. 가을만 되면 전국에서 구름떼 인파가 몰려서 샛노란 은행나무 단풍을 즐기는 그곳의 여름은 적막강산처럼 고요했다. 요즘은 치악산의 고장 원주에서는 문막읍 주변에서 소금산이 오히려 인기 높은 명산이 되었다. 소금산에 놓인 출렁다리와 잔도길 덕분에 어쩌면 주말 하루 방문객이 치악산 비로봉 1년 치 탐방객을 넘을 것 같다. 아이러니하게도 산이 높다고 다 명산은 아니더라.

 ## 자본주의 노예에서 벗어나기로 했다

'최소의 비용으로 최대의 이익 실현'이라는 말은 경제학을 전공하지 않아도 다 안다. 오늘날은 다양한 분야에서 최소의 비용으로 최대의 효과를 내는 전략에 몰두한다. 상황에 따라 접근 방법이 달라지는데, 재무와 투자, 사업은 물론 생활과 일상에서도 마찬가지로 적용한다. 경제학의 원리는 희소성, 선택, 기회비용, 한계효용, 시장원리 같은 기본 개념에서 출발한다. 《국부론》을 비롯한 여러 경제학 저술을 통해 이런 개념을 창안한 애덤 스미스는 오늘날 '경제학의 아버지'로 불린다.

등산은 따지고 보면 하지 않아도 그만인 취미생활이다. 현대에는 분류의 한계를 넘는 별별 취미생활이 다 있다. 그런데 몇몇 취미생활은 자본주의 노예가 된 바람에 보통 사람들이 즐길 수 없는 것도 있다. 반면 등산, 달리기 정도는 여전히 가성비가 뛰어난 취미생활로 분류된다. 그런데도 은근히 비용의 효율성을 생각할 정도로 부담이 되는 현실은 아쉬운 부분이다.

가끔은 산행하면서 이런 생각을 한다.

‘이번에는 돈이 얼마 들었을까?’

홍도 깃대봉 올라가던 전망대에서 갑자기 경비 계산을 했다. 서울에서 오가는 교통비, 택시비, 왕복 뱃삯, 홍도·흑산도 숙박비와 식비를 포함해서 약 50만 원 든다. 그렇다면 명산 100개를 모두 다니면 얼마나 들까? 사는 지역에 따라 차이가 있지만, 만약 제주도 사람이라면 이야기는 달라진다. 왕복 항공료와 교통비·식비·숙박비 등 단순히 산 하나에 평균 30만 원을 잡아도 2,970만 원이 든다. 제주도 한라산을 뺀 비용이다.

이쯤 되면 산행도 자본주의 비용을 생각할 취미생활이다. 돈이 없으면 감히 할 수 없는 100대 명산 도전일 수도 있다. 명산 유람은 오로지 자유의지이며 삶의 필수조건은 아니다. 돈이 없다면 평생 단 한 번도 가보지 못할 곳이 어디 한두 곳일까? 돈 없으면 사는 곳을 겨우 벗어난 가까운 여행지나 그냥저냥 오를 만한 산에나 다닐 수밖에 없다.

대한민국 등산 인구 비율은 74%이고, 성인의 75%는 달마다 산을 찾는다는 통계가 있다. 그렇다면 이 중에서 전국의 명산 도전을 마친 사람들은 얼마일까? 통계치는 확 떨어져 2023년 블랙야크 기준 19만 명. 19세 이상 성인의 0.5%에 지나지 않는다. 서울 사람으로 살면서 북한산, 관악산은 1만 원도 들지 않을 정도로 가성비 뛰어난 명산이다. 반면에 울릉도 성인봉, 제주도 한라산, 홍도 깃대봉, 통영 지리산은 비용이 확 올라간다. 그렇다고 돈이 없어서 먼 데를 못 가는 것은 아니다. 어떻게든 갈 방법을 찾고 꼼꼼하게 계획을 짜면 산행은 이루어졌다. 생각보다 명산 도전이 쉽지 않고, 오랜 세월이 걸린 이유는 돈보다 시간이었다. 직장 생활 하면서 날씨 좋은 주말이나 휴가 때나 가능했다. 시간을 잘 이용하면 만족감도 높아지고, 결국엔 자본주의 압박감에서 벗어날 수 있다.

[산이 곧 섬이며 섬이 곧 산, 한라산]

수많은 오름을 거느린 한라산의 위용

정상의 높이가 1,947m나 되지만 이미 해발 760m나 되는 성판악에서 출발하는 덕분에 시간을 상당히 벌고 등산하는 한라산. 한라산 동쪽 성판악에서 정상 백록담까지 거리는 약 9.6km, 처음에는 완만한 경사로 시작하지만, 정상에 가까워질수록 경사가 가팔라지고 고도가 높아지므로 체력 분배를 잘해야 탈이 나지 않는다. 속밭대피소 해발 1,100m, 사라오름 입구 해발 1,300m, 진달래밭 대피소 해발 1,500m까지 숲도 적당하고 여유도 조금 있다. 진달래밭 대피소까지 성판악에서 약 7.3km를 올라오면 이때부터 나무가 거의 없는 고원 초지가 정상까지 펼쳐진다. 사방이 뚫리고 하늘도 드러나기 때문에 계절에 맞는 햇볕, 바람, 눈보라를 고스란히 떠안아야 하는 구간이다. 특히, 해발 200~600m 중산간 지역의 날씨 변화는 예측 불가의 폭우, 폭설을 몰고 온다. 그 때문에 등산로 입구에서 졸지에 입산 통제 표지를 허탈하게 바라보다가 돌아가기도 한다.

이쯤 되면 한라산 등산을 벼르고 온 사람들은 자본주의 셈법을 당연히 따져본다. 제주도 한라산은 우리나라 어디에 거주하는 사람이든 시간과 비용 면에서 큰 부담을 받는다. 공항과 가까운 지역에 거주할수록 소요시간은 줄어도 교통비와 항공료, 식대까지 최소 30~40만 원은 든다. 저비용항공사를 이용하면 교통비에서는 경제적 효율성을 기대할 수 있으나, 당일치기가 아니라면 숙박비와 식대는 더 올라간다. 한라산 등산은 여행과 연계하여야 그나마 효율성을 높일 수 있어도, 하루 일정이 꼬박

사라지는 어쩔 수 없는 기회비용도 생각하게 된다.

제주도는 1980년대 대학생이던 시절에 처음 갔으나 그때는 등산 대신 여행만 했다. 그 뒤에 신혼여행 때 윗세오름 남벽에서 처음으로 백록담 정상을 밟았다. 지금까지 영실, 어리목, 성판악, 관음사, 돈내코에서 드나들면서 후회 없는 한라산 등산을 즐겼다. 다른 사람들 단 한 번 오르기도 쉽지 않은 한라산을 계절마다 자주 다녔다. 그때마다 눈 내리면 모질게 눈보라를 견뎠고, 단풍이 들면 감탄하고, 꽃 피면 꽃이랑 놀다가 백록담에 올라간다. 백록담에 파란 하늘이 잠긴 모습이 잘 보이던 날도 있고, 오락가락 산정을 타고 넘던 야속한 운무 때문에 맹탕으로 내려온 때도 있다.

갈 때마다 상당한 비용이 든 것은 어쩔 수 없었다. 돈만 생각하면 오르지도 못할 한라산도 그것을 떨쳐 내고 자본주의 생각에서 벗어나면 백록담은 아주 가까운 곳이다. 당장 주머니가 허전하다면 몇 달, 몇 년 뒤에 갈 준비를 차곡차곡하면 된다.

요새 MZ들은 뚜렷한 자존감, 좋아하는 것에 아낌없이 시간을 쏟아붓는 열정이 있다. 그래서 아르바이트를 하고, 매달 회비를 내서 통장을 불리는 모임도 있다. 돈이 있어야 편하지만 그렇지 못하여, 불편함을 최소화하려는 새로운 자본주의 원칙을 만드는 MZ.

내가 MZ 세대던 때는 어땠는가? 부끄럽지만 부모님이 주신 돈으로 처음 제주도라는 섬에 갔다. 다행히 학생 할인 비행기표가 있던 시절이라서 항공료는 비싸지 않았던 것으로 기억된다. 가난한 자본주의자였을 때 명산 여행을 통해서 좋은 결과를 얻은 적도 많았다. 예술과 과학의 결정체인 조계산 선암사 승선교, 완벽한 자연환경의 가치를 지닌 대암산 용늪 남사르 습지, 한반도 천년의 길 월악산 하늘재는 감동의 장소였다. 명산 산행은 내게 또 다른 생생한 학습과 지식의 보고가 된 셈이다. 마치 내 삶에서 어느 부족한 부분을 꽉 채우게 한 정말 소중한 경험이 되었다.

하기 싫어도 하는 게 이익이면 해야 하는 게 맞고, 아무리 하고 싶어도 손실이 된다면 하지 않아야 한다. 나는 줄곧 반대로 하며 살아온 것은 아니었을까? 내 멋대로, 하고 싶은 대로 하고 살면 되는 줄 알았는데 꼭 그렇지만은 않다는 걸 깨닫게 된다. 'NO PAIN NO GAIN'은 이런 상황에 잘 어울리는 말이다. 고통 없이 얻는 것은 없다. 우리가 하기 싫은 일을 할 때, 이 말을 떠올리면 그 결과가 결국에는 좋은 방향으로 이어질 수 있을 것이라는 믿음을 가진다. 당장의 불편함이나 고통을 감수하면, 보다 높은 성취와 보상을 얻게 될 가능성이 크다는 것이다.

《해리 포터》의 저자 J.K 롤링은 시리즈를 집필하면서 절망스러운 여건에서 글을 썼다고 한다. 글을 보내는 곳마다 거절당하고 어려운 시기를 보냈지만, 포기하지 않고 글을 계속 쓴 결과, 세계적인 베스트셀러 작가가 되었다. 결국은 하기 싫은 일을 억지로라도 해야 할 때가 있다는 것을 인정하는 것도 중요하다. 그 일을 통해서 배우고, 성장하고, 결국엔 더 나은 우리가 될 수 있다는 것을 증명하게 된다. 마음이 내키지 않아도 양보하고, 이해하고, 용서해야 할 때도 있다. 그런데도 이게 잘 안되는 이유는 무얼까? 결과에 대한 믿음과 확신이 부족해서 그런 것은 아닐까? 나이가 60이 되었는데도 여전히 하기 싫은 일이 많은 이유이다.

 시련을 넘고 오늘에 충실하자

"오늘은 어제 세상을 떠난 사람들이 그렇게도 갈망하던 내일이다."

이 말은 짧지만 강한 울림을 준다. 2008년인가, LG디스플레이 파주공장 가다가 들른 자유로휴게소 화장실에서 본 글이다. 죽음을 맞은 이들이 결코 다시 가질 수 없는 오늘, 그 '하루'를 우리는 지금 살고 있다는 사실을 상기시킨다. 평범한 하루도 누군가에게는 간절한 '기회'였다는 것, 그래서 오늘이 얼마나 소중한지를 말해준다. 이 말은 삶에 대한 경각심과 감사의 마음을 동시에 불러일으킨다. 지금의 이 순간은 기적처럼 주어진 선물이라는 뜻으로도 해석할 수 있다.

나에게도 이처럼 소중한 '내일'을 볼 수 없을 법한 인생 최대의 사건이 있었다. 1995년의 봄은 그냥 집에서 주말을 보내면 되지 않을 만큼 화려한 시절이었다. 대학교 졸업 뒤에 서울에서 사회생활을 시작하면서 자리를 잡은 고향의 벗들과 진안 마이산, 무주 덕유산을 1박 2일로 다녀왔다. 곧이어 그달 5월 마지막 주말에는 회사 워크숍이 공주 계룡산 동학사 지구에서 있었다.

워크숍 마지막 날은 동학사 출발 갑사로 넘어가는 등산으로 대미를 장식했다. 서울 회사까지 업무용 승용차를 운전하기로 한 다른 직원들은 등산을 안 하고 농구단 버스와 승용차를 이용하여 갑사로 먼저 출발했다. 거기서 등산을 마친 회사 동료를 기다렸다가 식사 후에 운전하기로 했다. 등산이 서너 시간 걸리니 먼저 가 있던 사람들은 갑사 관광지구의 도토리묵과 파전에 어울리는 막걸리 유혹을 뿌리칠 수가 없었던 모양이었다. 어쩔 수 없이 부서 후배가 등산 후 나른한 상태에서 운전대를 잡았다. 공주에서 천안으로 이어지는 국도에서 커다란 플라타너스 가로수를 들이받고, 차는 정안천으로 데굴데굴 굴렀다. 덜커덩

거리는 소리를 들은 뒤 마취 상태에서 정신을 차린 곳은 서울아산병원이었다.

훗날 이야기를 들었는데 신차였던 엑센트 업무용 차는 출고 2개월 만에 폐차했다고 한다. 사고가 난 5월 29일 그날 밤에 첫째를 가진 아내가 만삭의 몸으로 공주성모병원으로 내려왔으나, 나는 정신이 하나도 없어서 그 사실을 알지 못했을 정도였다. 다음 날 구급차를 함께 타고 서울 아산병원으로 올라왔고, 나를 간호하던 중에 산부인과 병동으로 내려가 6월 9일에 제왕절개로 첫째 딸을 얻었다.

아산병원에 입원하고 한 달, 믿기지 않을 엄청난 참사가 서울에서 일어났다. 1995년 6월 29일 오후 늦게 들려온 '삼풍백화점 붕괴' 속보는 TV 모든 채널을 꽉 채웠다. 삼풍백화점 참사 인명 피해는 사망 501명, 실종 6명, 부상 937명이었다. 한국전쟁 이후 가장 큰 인적 피해였다고 한다.

45일여 서울아산병원 입원 생활 중에 직장 동료, 거래 은행, 협력업체 등 많은 사람이 다녀갔다. 계룡산 다녀오던 때 당한 교통사고로 신혼 초 우리 가족은 입원과 출산, 탄생이라는 굵직한 이벤트를 한꺼번에 경험했다. 그 후에 정상적인 모습으로 돌아와 더 이상의 아픔 없이 행복한 삶을 살 수 있는 것은 어쩌면 명산 계룡이 가져다준 행운으로 받아들였다. 병원에 있을 때 상무님이 다녀가면서 툭 던지고 간 말씀을 지금도 잊을 수 없다.

"거 봐라! 영문도 모르고 삼풍백화점에서 죽은 사람들이 저렇게 많은데, 너는 정말 다행이지 않나. 인생 두 번째 산다고 생각하고 오늘도, 내일도 열심히 살아라."

인생, 그 사건 뒤로 모든 일에 긍정적으로 살기로 마음먹었다. 삶이 내 마음에 들지 않는다고 생각하면 늘 나쁜 일이 생기기 마련이다. 똑같은 일도 마음만 달리 먹으면 일상이 즐겁다는 평범한 진리가 늘 우리 곁에 함께 있다. 다만 그런 것을 깨닫지 못해서 일이 힘들었다.

[계룡산에 다시 가지 말라 했다]

수려한 자태를 뽐내는 계룡산

계룡산 다녀오던 날 당한 끔찍한 사고 때문에 트라우마에 잡힌 아내는 내가 산에 다니는 것을 좋아하지 않았다. 특히 계룡산에 다시 가는 것은 금기사항이 되었다. 내린 눈이 녹지 않아서 세상이 하얀 겨울 어느 날, 나 홀로 조용히 공주 버스터미널에서 택시를 잡아타고 갑사로 출발했다. 아내가 이곳에 가는 것을 알면 기겁할 것 같아서 새벽부터 최대한 조용하게 배낭을 챙겨서 나왔다.

계룡산, 갑사 출발 연천봉에 들렀다가 관음봉, 자연성능 짜릿한 등산로를 걷고 전망이 빼어난 삼불봉에서 발걸음을 멈췄다. 계룡산 설경을 한 눈으로 볼 수 있는 삼불봉의 매력에 푹 빠져서 그대로 눌러앉았다. 도무지 남매탑으로 내려갈 마음이 없는 듯 제법 오래 머물렀다. 이따금 찬바람이 머리 위를 스쳐 지났어도 마음은 포근했다.

다시 1995년의 사건을 되새겨 보는 시간을 가졌다. 등산로에서 거칠게 토해내던 하얀 입김은 마치 '오늘'이라는 단어가 없을 법한 지난날 나의 시련과도 같았다. 8시간 오랜 수술 끝에 조각난 뼛조각을 온전하게 맞춘 긴 시간은 다시 내가 태어날 수 있도록 했다. 수술실 밖에서 '내일'이라는 희망의 끈을 부여잡고 만삭의 몸으로 나를 지켜준 아내의 간절한 기도가 통했을까. 엄마의 자궁 안에서 "며칠이면 아빠 얼굴 본다"고 희망하던 첫째

딸의 진심이 통한 것일까. '오늘'이라는 단어를 있도록 행운을 가져다준 계룡산이 오히려 고맙게 느껴지던 순간을 삼불봉에서 뜨겁게 느낄 수 있었다.

겨울철에 생각보다 험한 삼불봉 철계단을 조심스럽게 내려와서 두 탑이 가지런하게 서 있는 공터에 도착했다. 오랜 세월 땅속에 묻혀 있던 것을 파낸 뒤에 지금의 모습으로 복원한 남매탑이다. 많은 사람의 생각과 달리 키가 큰 7층 탑이 누이 탑이라고 한다. 이쯤에서 계룡산에 얽힌 유명한 수필도 애써 마음으로 읽는 시간도 가질 수 있었다.

〈갑사로 가는 길〉은 이상보 선생이 1972년 《현대수필》에 발표한 짧은 기행문 형식의 글로, 고등학교 국어 교과서에 수록되어 나에게 적잖은 감동을 준 수필이다. 특히, 순우리말 '시나브로' 덕분에 한글의 아름다움에 푹 빠져서 '나도 언젠가는 이런 멋진 글을 꼭 써야지' 하고 다짐하기도 했다.

남매탑 쉼터에서 스마트폰으로 바로 읽는 남매탑 전설의 수필은, 수십 년 전 교실에서 읽던 것보다 훨씬 감동적이었다. 게다가 하필이면 호랑이가 보은의 의미로 스님에게 업어다 준 처자는 내 고향 상주 처자라고 남매탑 전설은 말한다. 〈갑사로 가는 길〉 수필의 끝부분에 "눈은 그칠 줄 모르고, 탑에 얽힌 남매의 지순한 사랑도 끝이 없어, 탑신(塔身)에 손을 얹으니 천년 뒤에 오히려 뜨거운 열기가 스며드는구나!"라는 문장이 있다. 차가운 2월 겨울 남매탑에 가만히 손을 얹었다. 나에게 전해오는 건 돌탑의 싸늘함 뿐이었다. 남매탑을 한 바퀴 도는 탑돌이 아닌 탑돌이까지 하고 동학사로 내려섰다.

세상살이는 정말 예측하기 쉽지도 않아서, 호사다마(好事多魔), 새옹지마(塞翁之馬)라는 말을 비유하기도 한다. 좋은 일 다음에는 반드시 그렇지 못한 일이 따른다. 또, 좋지 않은 일이 있으면 반드시 좋은 일이 생긴다. 인생의 길흉화복은 변화가 많아서 예측하기가 어렵다. 나에게 '오늘' 이 없을 뻔한 시련을 주었던 명산 계룡산, 마음을 달리 먹었더니 감사한 '오늘' 이 여태까지 계속되고 있다. 인생에서 가장 최선을 다하고, 진정한 에너지를 쏟아 부어야 할 날을 '오늘' 이다. 어제 세상을 떠난 사람들이 그렇게도 갈망하던 내일은 오늘. 그들이 누리지 못한 오늘이 있어서 나는 죽는 그날까지 최선을 다하며 살 것이다. 아마도 그것이 인생의 행복이 아닐까!

 하기 싫어도 해야 하는 일이 있다

마음에 내키지 않아도 꼭 해야 할 일은 늘 우리 주변에 널렸

다. 이런 일이 닥친다면 어떻게 대처하면 좋을까? 명산 도전을 목표로 정했을 때 먹을 것 없어 보이던 계륵 같은 산 하나가 있었다. 경남 고성군 연화산이다.

서울에서 멀기도 멀었고, 인근의 진주, 통영, 남해의 여러 명소를 여행하면서도 등산하지 못했다. 멀어도 가는 장흥 천관산, 고흥 팔영산에 대한 많은 찬사의 글은 넘치는데, 연화산에 대한 등산 후기를 아무리 훑어봐도 감동적인 이야기가 없을 정도로 산은 낮고, 조망도 빼어나지 않다. 하지만 당연히 명산 도전이라는 목표 안에 들어있는 산이라서 가기 싫어도 가야 했다. 돌이킬 수 없는 결정을 내린 명산 도전, 즉 이미 내린 선택이라서 당연히 정복해야 하는 산이다. 루비콘강을 건너던 율리우스 카이사르의 말대로 이미 "주사위는 던져졌다."

이전에도 결정의 순간에 내리는 선택의 무게와 그로 인한 변화의 불가피함을 감수해야 할 일은 항상 존재했다. 고등학교에 갈 때도 그랬고, 대학교에 갈 때도 그랬다. 이것으로 끝이 아니었다. 직장, 가정에서 직원으로, 가장으로, 부모로서 헤쳐나갈 선택의 무게는 감당하기 버거울 때도 있었다.

35년 직장 생활에서 정년 퇴임이라는 현실을 받아들였을 때는 인생 제2막이라는 새로운 선택이 기다리고 있었다. 삶을 살면서 좋든 싫든 선택과 결정은 질긴 인연이다. 미래를 정확하게 예측하여 현명한 선택을 했다면 그 인생은 보석처럼 빛난다. 그럭저럭 감에 의지한 성급한 선택은 변화의 불가피함과 파란만장한 위험을 감수해야 한다. 지금 당장 내 앞에 하기 싫고, 마음에 내키지 않지만, 반드시 해야 할 일이 놓인다면 어떤 선택을 해야 할까?

[멀어도 가야 하는 고성 연화산]

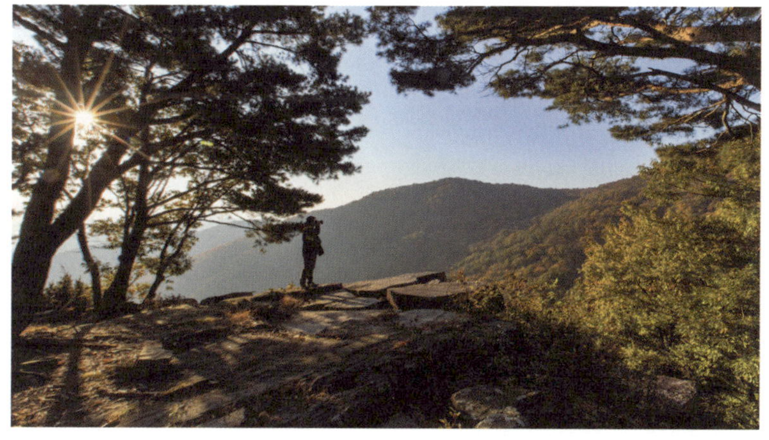

낮지만 험준한 연화산의 반전

이래저래 8km 거리를 4시간이나 걸었다. 이 정도 거리를 등산하면 조망이 좋다거나 기암괴석도 볼 수 있는데도 고성 연화산은 그렇지 못했다. 연화산은 평범한 산세로 내세울 거라고는 옥천사뿐이다. 그런데도 도립공원에 지정된 것을 보면 숨겨둔 비경이나 명소가 있지 않을까. 온갖 자료와 등산객의 후기를 샅샅이 뒤졌지만 감동할 만한 내용은 없다. 울창한 숲이 하늘을 가려 산 전체가 조망을 기대하지 못하는 삼림욕장 같다.

등산 중에 겪은 예상치 못한 황당한 고개도 있다. 전체 종주는 이름이 붙은 봉우리만 일곱 개, 고개는 네 개를 넘는다. 고개가 문제다. 높이에 어울리지 않게 낙타 등처럼 오르내림이 심해서 체력이 쉽게 바닥이 난다. 특히 남산에서 내려온 뒤 운암고개에서 완만하던 길은 가파르게 연화봉으로 올라간다. 11월 첫 토요일 아침 날씨는 제법 쌀쌀했다. KTX 진주역에서 예약한 렌트카를 찾아서 '경남 고성군 개천면 북평리 415-1 연화산도립공원 주차장'을 내비게이션 목적지로 설정했다.

연화산 등산은 대중교통편 환승이 불편해 승용차 이용이 낫다. 서울에서 밤새 심야 고속버스를 타고 내려온 뒤에 시내에서 택시로 갈아타고 KTX 진주역까지 온 초행자에게는 힘든 여정이다. 요리조리 좁은 도로를 달리다가 연화산도립공원 표석를 지나 나오는 도립공원 주차장에 차를 둔다.

아침 6시, 해가 돋지 않아 컴컴한 옥천사 일주문 입구에서 왼쪽 옥녀봉 방향으로 등산을 시작했다. 능선에 도착할 무렵에 숲 속에서 해가 돋고 날이 밝았다. 이쪽 능선에 탄금봉(354m)·옥녀봉(376m)·선유봉(385m)이 연이어졌다. 이 봉우리는 옛날에

이 산이 비슬(毘瑟)이라 불릴 때 선인이 거문고를 타고, 옥녀가 비파를 다루었다는 전설이 있는 곳이다. 그 뒤 조선 인조 때 학명대사가 산의 형상이 연꽃을 닮았다고 하여 연화산으로 이름을 고쳤다고 한다. 남산 갓바위에서 터지는 조망을 만나기 전까지 이 산에서의 조망은 희망 사항에 지나지 않는다. 명산 도전이라는 목표가 없었다면 더는 걷고 싶지 않은 생각도 든다.

황새고개를 지나서 남산 정상에 오른다. 갓바위, 용바위가 있는 곳으로 살짝 나가면 그때서야 비로소 조망이 터진다. 흙길만 계속 걷다가 만나는 갓바위는 연화산에서 보기 드물었던 거대한 바위다. 단풍이 물든 연화산 정상 봉우리는 둥그스럼하다. 얼핏 보기에는 유순한데 운암고개에서 완만하던 길은 연화산 정상으로 가파르게 올라간다. 정면에 연화산이 솟구쳤다. 정상은 524m인데 조망은 전혀 없고, 사방으로 나무가 에워싸고 있다. 적멸보궁을 지나면 시루봉으로 가는 등산로가 있다. 시루봉은 연화산 최고봉으로 정상의 전망이 좋다. 남쪽으로 당항만이 휘감으며 '고성의 3대 명산' 인 철마산, 거류산, 벽방산이 막아섰다. 전망대에서 직진하면 5m 높이의 장기바위가 나온다. 시루봉의 유래가 된 바위로 층층이 쌓인 퇴적암이 시루떡을 닮았다고 한다.

편백숲, 느재에서 제1연화봉(매봉)으로 올라갔다. 여기서 더 이상의 등산은 큰 의미가 없을 듯하여 절 구경을 하자는 생각으로 옥천사로 내려왔다. 산의 북쪽 기슭에 있는 옥천사는 신라 문무왕 16년(서기676)에 의상조사가 창건한 신라의 천년 고찰이다.

인적이 드문 11월 늦가을, 옥천사 마당은 고요하다. 다만 주차장의 노랗게 물든 은행나무는 절경이다. 날이 밝아져서 온전한 모습이 드러난 옥천사 일주문 아래로 낙엽이 수북하다. 해가 뜨지 않아서 보이지 않던 이정표에 옥녀봉 글씨도 또렷하게 박혀 있다. 포장도로를 따라 걸으면서 옥천 유수지를 지나 주차장으로 돌아왔다. 주차된 차는 달랑 한 대뿐, 시간은 오전 11시가 되었다. 등산로 입구에 공룡 발자국 화석이 있던데, 얼핏 보면 긴가민가할 정도로 선명하지는 않았다.

등산을 마쳤어도 감동적인 기분이 들지 않은 이유는 무엇일까? 연화산과 멀지 않은 지역의 여행 명소를 숱하게 다니면서도 존재감조차 없던 산이고, 명산 도전을 시작하고도 언제 갈까 미루고 미루었던 산이었다. 그래도 이미 정했던 목표를 달성하려고 최선을 다한 나의 노력이 헛되진 않았다. 왜냐면 앓던 이가 빠진 것처럼 시원한 기분이 들어서다.

살다 보면 다양한 일을 하고 여러 부류의 사람과 교류한다. 그중에는 마음에 들거나 들지 않는 대상이 있다. 마음에 들지 않는 일을 또 마음에 들지 않는 사람과 어쩔 수 없이 수행해야 한다면 어떻게 해야 할까? 그 사람을 내 방식에 따르게 하거나, 내가 그 사람의 방식을 받아들여야 한다. 인생이라는 긴 여정에서 하기 싫어도 해야 할 일을 마주하고 회피할 생각부터 한다면 되는 일도 안 된다. 정면돌파에 어려움이 있더라도 정해졌고, 이왕 시작한 일이면 최상의 목표를 얻을 때까지 노력해야 한다. 이미 던진 주사위는 거둘 수 없는 것과 같은 이치이기 때문이다.

 배를 타야 산으로 간다

마지막 100번째 명산은 울릉도 성인봉이다. 육지에서 99번째 김제 모악산 등산을 2018년 5월에 끝내고 여름휴가를 기다렸다. 여름휴가 때 울릉도 여행 겸 성인봉 산행을 할 참이다. 소박하나마 가족에게 생애 첫 울릉도 여행을 선사하고 싶었다. 이제 더는 주말 새벽에 가족들의 달콤한 잠을 방해할 일은 없다. 직장인으로서 짬짬이 주말 등산을 다니면서 부스럭부스럭 배낭을 꾸리고, 덜커덕 문을 열고 집을 나설 때면 아빠는 민폐덩어리였다. 2018년 8월 여름에 울릉도 가족 여행을 다녀오던 때 성인봉을 정복했고, 100대 명산 도전 목표에 마침표를 찍었다.

산림청 선정 100대 명산을 모두 오르는 데 34년이 걸렸다. 긴 세월이 걸린 데는 이유가 있다. 그냥 산을 좋아하여 취미생활 정도로 다녔기 때문이다. 100대 명산은 2002년 '세계 산의 해'를 기념하고 산의 가치와 중요성을 새롭게 인식하기 위해 2002년 10월 산림청에서 선정 공표했다. 나는 '100대 명산'이라는 말이 생기기 훨씬 전, 1985년 대학교 여름 방학 때 지리산 천왕봉으로 처음 올라갔고, 2018년 여름에 울릉도 성인봉에서 마지막으로 내려왔다. 2016년에 명산 도전을 마음먹었을 때 이미 50여 개의 산을 오르내렸다.

성인봉은 배를 타야 갈 수 있는 데라서 1박 2일이나 2박 3일 일정을 잡고 가는 게 좋다. 울진 후포항에서 출발하는 울릉도행 첫 배를 타려고 서서울 요금소를 새벽에 통과했다. 울릉도 여행은 나도 가족도 모두 처음, 미지의 세상으로 크루즈 여행을 떠나는 기분도 살짝 들었다. 더구나 100대 명산 마지막 고지라는 의미도 있어서 특별한 여행이었다. 울진 후포항에서 울릉도 사동항까지 배 시간은 약 4시간 30분, 웬만한 동남아 여행지로 가는 비행시간과 맞먹는다.

곧 2028년에 울릉도 사동항 근처에 공항이 완공된다고 하니, 그러면 성인봉 등산은 한라산처럼 당일치기도 가능하다. 그렇게 되더라도 울릉도 성인봉 낭만 등산은 배를 타고 동해 푸른 바다 위를 자유롭게 나는 갈매기 군무를 감상하는 맛도 즐길 줄 알아야 한다. 배 안에서 꿀맛 같은 잠에 빠져 있을 때 배가 곧 사동항에 도착한다는 방송이 어렴풋하게 들려서 눈을 떴다. 섬 전체가 성인봉이고 성인봉이 곧 울릉도인 사동항에 첫발을 내디뎠다. 비록 정상이 보이지는 않아도 도동항으로 가는 길의 깎아지른 모든 절벽은 성인봉에서 흘러 내려왔다. 같은 화산섬이지만 울릉도의 해안로는 제주도의 것과 완전히 달라서 폭도 좁고 아찔한 모습이다.

"이 험한 산을 내가 올라가야 한다!"

[배를 타고 왔어도 걸어야 성인봉 정상]

성인봉에서 내려다본 분지

성인봉은 대한민국 경상북도 울릉군에 있는 높이 984m의 성층화산 또는 종상화산이다. 종상화산을 쉽게 말하면 정상으로 갈수록 종 모양으로 뾰족하게 생겼다는 것이다. 정상에서 펑퍼짐하게 용암이 흘러내려 방패처럼 둥그스름한 한라산을 순상화산이라고 하는 것과 서로 차이가 난다. 그래서 성인봉은 정상을 향해서 급하게 올라가는 등산로가 특징이다.

성인봉은 화산섬인 울릉도에서 가장 높은 산으로, 섬의 중앙에 있다. 등산코스로는 크게 도동과 천부리 등 2개가 있다. 가장 많은 등산객이 다니는 도동 쪽에서는 세 갈래 길이 있다. 높이가 1,000미터도 안 되는 산이지만, 등산로의 시작이 해수면과 가까운 바다 바로 앞이고 험한 산이기 때문에 등산 난이도는 우리나라의 어지간한 고산에 맞먹는다. 성인봉은 섬 가운데 있는 높은 산이라서 제주도 한라산을 쉽게 떠올리겠지만, 한라산보다 거칠고 깎아지른 절벽이 많다. 그래서 등산로 자체가 위험하여 개설된 코스도 몇 개 안 된다.

나리분지라는 분지 지형은 백두산으로 치면 천지에 해당하는 칼데라다. 나리분지는 성인봉을 비롯한 여러 봉우리가 감싸고 있고 주민이 살고 있다. 험한 산에서 온전히 자연을 지켜온 숲은 '울릉 성인봉 원시림' 이라는 이름으로 천연기념물 제189호로 지정되어 있다.

울릉도에서 둘째 날 아침에 가족들은 달콤한 수면에 빠져 있는 시간에 나 홀로 펜션에서 나와서 택시를 타고 KBS울릉중계소까지 올라갔다. 이른 아침 시간이면 걸어서 올라가기도 괜찮은 편이던데, 무더운 8월에는 까다로운 동네 오르막에서 등산을 시작하기도 전에 진을 빼기 싫어서 택시를 이용하였다. 등산로 입구 성인봉 안내판에는 '콜택시 054-791-0006' 전화번호가 큼직하게 적혀 있다. 도동 KBS울릉중계소 등산로 입구 기준 성인봉까지 약 4.1km이다. 사동 안평전에서 출발하는 2.7km가 거리상으로 최단 코스이다. 그렇지만 등고선이 촘촘한 짧은 거리는 등산로가 가파르다. 안평전은 KBS울릉중계소보다 버스나 택시 이용 등 교통이 다소 불편하다. 등산을 시작하자마자 숨이 턱턱 막히는 습한 여름 날씨 때문에 땀부터 솟구쳤다.

얼마를 걷다가 뒤돌아보는 바다 풍경 안에는 울릉도 행정중심지 도동항과 독도 전망대가 들어있다. 도동에는 관공서와 경찰서는 물론 대부분의 숙박 시설과 음식점, 여행사가 몰려 있는 울릉도 최대 중심지이다. 모든 건물과 가옥은 도동항 바다에서 성인봉 자락의 비탈을 향하여 위로 올라가며 들어섰다. 우리 가족이 머물렀던 펜션도 도동파출소 근처에서 오르막을 오르내린 골목 안에 있었다. 지중해의 나라 이탈리아로 치면 아말피나 포지타노 해변을 생각할 수 있다.

등산로는 잘 다듬어졌지만, 예상 밖으로 초장부터 까다로운 오르막을 벗어나는 데 애먹었다. 성인봉 3.8km 이정표를 지나면서는 조릿대와 고사리 양치식물 군락지가 넓게 펼쳐진다. 숲은 사람의 손을 타지 않아서 원시림이나 다름없다. 등산로 자체에는 험한 바위가 있거나 암릉을 넘어가는 구간은 없어도 은근히 빡세다. 성인봉의 지형상 등고선 자체가 촘촘하기 때문이다. 도동 대원사에서 올라오는 등산로 합류 지점을 만났는데 거기서 정상까지는 3km 남았다.

KBS중계소에서 겨우 800m를 올라왔을 뿐인데도 체감상 훨씬 먼 거리를 올라온 듯한 기분이 들 정도로 힘들었다. 계속되는 원시림 숲의 오르막에서 만난 정자 한 채, 냅다 생수 한 병을 남김없이 들이켰다. 은근히 사람 잡을 수준의 오르막 등산로는 나의 체력도 인내심도 바닥을 드러내게 했다. 하산하던 등산객이 축 늘어진 나에게 "힘내요. 곧 정상입니다"라며 희망의 메시지를 던졌다.

안평전 등산로와 만난 능선부터 정상까지 800m는 평온한 편이다. 스마트폰 등산 앱에서 정상 배지 획득을 알렸다. 마지막이라고 생각하니 갑자기 많은 생각이 들었고 그렇게 성인봉 정상에 도착했다.

'마지막'은 한계를 결정짓는 말로 여러 가지 의미를 포함한다. 죽음, 일의 끝장, 포기, 다시 하지 않겠다는 결연한 의지, 목표 도달의 강한 의지의 뜻도 포함된다. 어쨌거나 나는 목표를 달성했다. 'reach a milestone'은 '어떤 목표나 중요한 이정표에 도달하다, 획기적인 성과를 달성하다'라는 뜻이다.

목표에 도달하려면 방향과 속도를 명확히 하고 기한을 정하고 해야 할 일 목록을 작성해 체크리스트로 관리하는 것이 일반적이다. 내가 좋아서 시작한 100대 명산 도전은 거창한 방향과 꼼꼼한 체크리스트 관리까지 필요하지는 않았다. 그런데도 직장인으로 시간의 한계라는 장애 요인을 제거하여 짬짬이 다닌 것이 주효했다.

목표에 도달할 수 있는 경로는 여러 가지다. 포기하지 않고 꾸준하게 실행하는 것이 '마지막'이라는 좋은 의미의 결과를 선사한다. 집으로 돌아와서 100대 명산 마지막 표시를 파일에 적었다. 스스로 정한 목표를 이루었다는 뿌듯함을 느끼면서 사진 정리도 마쳤다.

생각하는 발걸음

 가끔은 멀리서 봐야 좋다

가까이서 보면 제대로 볼 수 없을 때도 있다. 더 가까이 보려고 산속 깊이 들어왔다면 산을 제대로 볼 수 없다. 정상에서는 정상이 보이지 않는다. 그래서 가끔은 멀찌감치 떨어져서 봐야 좋다. 온전하게 보고 싶다면.

뭐든 너무 가까이 두려고 욕심을 부리면 오히려 얻을 수 없다. 남들보다 더 높이, 더 가까이 두고 싶은 욕심에서 손해를 보고 살아온 삶은 아니었던가? 멀리 있는 것은 욕심 없이 멀찌감치 바라봐야 아름답다. 욕심 없는 삶을 사는 것은 쉬운 일은 아니다. 그래서 오죽하면 법정 스님은 '무소유'를 말했을까? 무소유는 단순히 아무것도 갖지 않는다기보다 불필요한 것에 집착하지 않고 소유의 욕망에서 벗어나는 삶의 태도다.

예전에 나도 사람들 사이에 가까이 있어야 정상처럼 느껴졌고, 인맥이 두터울수록 더 괜찮은 사람처럼 보였다. 사람에 대한 욕심 때문에 사람을 잃었고, 일에 욕심을 내서 손해를 내기도 했고, 돈에 욕심을 내서 손해를 보기도 했다.

명산에 올라 아득한 풍경을 바라보면서 욕심의 굴레를 벗어나지 못하는 삶을 생각해본다. 진짜 중요한 건 지갑이 얼마나 두툼한지, 주변에 얼마나 사람이 많은지가 아니다. 내가 얼마나 나답게 욕심 없이 살고 있는가다. 욕심에서 벗어나야 세상은 제대로 보이고, 그 안에서 살아가는 우리의 삶도 조금은 행복해진다. 그러나 그것이 말처럼 쉽지는 않다.

명산 도전을 빨리 끝내고 싶은 욕심에 한 주에 다섯 곳을 쉬지 않고 다니다가 무릎이 고장 났다. 쓸데없는 욕심 탓에 결국 명산 도전이 늦어졌다. 욕심이 지나치면 될 일도 안 되고, 얻는 것은 더 작다. 일상의 일, 삶의 긴 여정도 먼 산을 바라보듯이 가끔은 시간을 두고 욕심을 조절할 필요가 있다. 그래야 온전하게 모든 것을 제대로 얻을 수 있다.

[설악산 바라기 점봉산]

그 좋다는 설악산도 천불동, 주전골과 흘림골, 백담사 수렴동

계곡으로 들어서면 산의 온전한 모습을 볼 수 없다. 공룡능선 마등령, 한계령이나 서북 능선, 미시령 황철봉 정도는 되어야 설악산의 탁 트인 모습을 제대로 본다. 비룡폭포 상류의 토왕성폭포를 온전하게 보는 곳은 폭포 바로 아래가 아니라 1km 밖의 토왕성폭포 전망대다.

장대한 산세를 자랑하는 점봉산

설악산 권역의 등산은 별을 보는 새벽부터 시간 욕심을 내야 웬만한 등산로를 다 걸을 수 있다. 그것도 해가 긴 봄부터 가을 초입까지만 가능하다. 설악산을 서쪽에서 온전히 조망할 수 있는 점봉산에 오르기로 했다. '설악산 바라기'로 불리는 점봉산은 높이가 1,424m, 설악산국립공원 남쪽 지역에 포함된 봉우리다. 설악산의 남설악 권역 중에서도 생태적 가치가 매우 높은 지역이라서 아무나 들어갈 수 없다. 국립공원공단 예약시스템에서 예약하여 탐방할 수 있다. 곰배령 탐방은 북부산림청 점봉산생태관리센터 누리집의 인터넷 예약시스템을 통해 접수하면 합법적인 산행이 가능하다.

5월이 막바지로 가던 날 곰배골에서 출발하여 순조롭게 곰배령까지 올라갔다. 골짜기는 원시림에 버금갈 정도로 숲이 짙고 등산로 주변은 야생화가 지천으로 깔렸다. 매발톱, 풀솜대, 요강나물, 물참대, 천남성은 흔하고 처음으로 금강애기나리도 보았다. 곰배령 정상 초지에는 지그재그로 목조 데크를 놓았다. 고원 초지가 훼손되는 것을 막는 시설물이다. 바람이 심한 곳이라 나무도 풀도 모두 바짝 엎드려 자란다. 그 초지 모습이 곰이 배를 드러내고 누워있는 것 같아서 곰배령이라고 한다.

곰배령을 벗어나 작은 점봉산을 향해 올랐다. 그다지 급하지 않지만 꾸준하게 이어지는 오르막에서 땀을 제법 쏟았다. 덤불 아래로 고개를 내밀고 있는 야생화를 지나칠 수 없어서 연신 카메라를 들이밀었다. 비교적 순조로운 진행, 빤히 보이는 점봉산을 향해 걷고 있을 때 오월의 찬란한 해는 초록의 향연이 펼쳐진 능선에 골고루 생명력을 전한다. 작은 점봉산을 지나면 정상까지 널찍한 능선에서 보는 조망도 달라진다. 점봉산이 생물권 보전지역·산림 유전자원 보호림이라는 것을 능선에서 실감한다. 오래된 주목, 가문비나무는 물론 바람 때문에 나지막하게 깔려 자라는 털진달래 군락은 상상 이상이다. 그늘에는 앙증맞은 종을 여러 개 달아놓은 은방울꽃도 있다.

능선의 조망은 또 어떤가! 시원스럽게 솟은 수많은 내륙의 봉우리들이 둥글둥글 부드럽다. 설악산이 바다와 어우러진 모습은 잘 그린 산수화와 같다. 곰배령에서 출발한 지 2시간여 만에 도착한 점봉산 정상. 곰배령 표지석을 그대로 옮겨놓은 듯한 똑같은 모양의 점봉산 표지석이 홀로 서 있다. 맨땅이 보이는 정상에는 풀과 나무가 거의 자라지 않아서 바람이 매우 심하다는 것을 짐작하게 한다. 이곳은 '설악산 바라기'라는 별명에 맞게 최고의 설악산 조망 장소다. 대청봉에서 끝청~귀때기청봉~안산으로 이어지는 긴 줄기가 바로 앞에서 병풍처럼 펼쳐졌다. 너덜지대가 뽀얗게 드러난 귀때기청봉은 언뜻 스위스 체르마트 마을의 마터호른을 연상케 한다.

한 번도 오르지 못한 망대암산 일대의 짜릿한 암릉, 서북 능선 끝의 안산까지 눈길을 끌었다. 대청봉 반대편 공룡능선에서 본 경치와 확실히 달랐다. 우락부락한 기암괴석이 박혀 있는 공룡능선에서 본 설악산의 모습과 달리 대청부터 안산까지 부드러운 실선을 그려 놓은 모습이다. 실선을 긋다가 실수로 솟아오른 것들은 중청, 끝청, 귀떼기청봉이다. 정상에서 사방팔방으로 넋 놓고 구경하다가 제법 많은 시간을 보냈다. 언제 다시 올지 모를 점봉산이라서 풍경 사진도 많이 찍었다. 인적없는 맨땅에 정상 표지석을 외롭게 남기고 백두대간을 따라 단목령 방향으로 내려섰다.

오색에서 점봉산으로 연결된 등산로가 개설되어 있어 길은 비교적 뚜렷하다. 정상에서 내려서는 부분의 급사면을 지나면 능선의 경사는 매력적으로 완만한 편이다. 등산로 주변은 빼곡하게 나무가 둘러섰다. 조망을 기대하기 힘든 곳이다. 그 안에는 철쭉꽃도 있고, 바닥에는 색감이 빼어난 앵초꽃이 지천이다. 애써 점봉산 야생화를 촬영하려고 앵초꽃 앞에 무릎을 꿇고 큰절을 여러 번 올렸다. 점봉산 정상에서 단목령까지는 6.6km로 제법 먼 거리다. 백두대간을 걷는 것이 아니라서 능선 갈림길에서 오색지구로 방향을 틀었다. 단목령 갈림길에서 오색리는 3km, 어느 정도 내려왔을 때 곰배골에서 시작할 때처럼 원시림을 다시 걸었다. 겨우 오후 5시인데도 계곡의 등산로는 초저녁처럼 컴컴했다. 멧돼지가 풀뿌리를 찾아 땅을 헤집어놓은 흔적도 곳곳에 있다.

원시림을 벗어나면 낯익은 건물과 주차장이 있는 설악산국립공원 오색분소. 오색분소는 설악산 대청봉과 점봉산 사이에 끼어있어서 설악산을 온전하게 볼 수 없는 곳이다. 무엇이든 가까이 두고 한결같이 그것만 본다면, 온전히 그것을 볼 수가 없다.

제대로 온전하게 보고 싶다면 가끔은 멀찌감치 거리를 두고 볼 필요가 있다. 나의 삶과 사회생활은 어떠한가? 가까이서 보려고 욕심으로 가득한 삶은 아니었던가?

 ## 신뢰는 주는 것이 아니다

점심때가 되어 대충 가져온 것을 꺼내서 간단하게 식사를 할 참이었다. 처음 보는 분들이 고맙게도 맛있어 보이는 음식을 나눠 주신다. 나는 혼자 다니는 산행을 좋아하고, 먹을 것을 많이 넣어 다니지는 않는다. 장거리 산행 때도 산에서 내려오면 그 지방의 소문난 향토 식당, 아니면 고속도로 휴게소 식당을 이용한다. 흔하게 다니는 서울의 산, 그때마다 불광동 연서시장, 우이동 맛집, 사당역 맛집 또는 종로 광장시장에서 적당히 먹는다. 등산을 마치고 사람들 틈에 끼여 먹는 음식 맛은 별미다.

산과 둘레길에서 만났던 사람들을 등산복 차림 그대로 다시 음식점에서 보는 것도 흔한 일이다. 대부분 산에서 만나는 사람들은 대체로 믿음이 가고 순한 편이라고 말한다. 그래서인가, 산에 같이 오래 다니며 믿음과 정을 쌓은 사람을 '산친구' 라고 한다. 친구는 귀한 존재다. 미국의 사상가이자 시인 에머슨

(Ralph Waldo Emerson)은 친구에 관하여 유명한 말을 남겼다.

"친구를 얻는 유일한 방법은 스스로 완전한 친구가 되는 것이다."

그러니 친구는 하루아침에 얻어지는 게 아니다. 서로의 믿음이 차곡차곡 쌓이고 쌓여야 좋은 친구가 된다. 믿음을 쌓는 가장 좋은 방법은 친절이다. 프랭클린(Benjamin Franklin)은 친절에 관하여 명언을 남겼다.

"작은 친절이 큰 우정을 만든다."

거창한 약속이나 행동이 아니라 일상의 작은 배려가 친구를 만든다는 의미다. 이런 식으로 서로 믿음이 쌓여 세상에 둘도 없을 친구가 되는 건 시간문제다. 그런데 우리가 인생을 살면서 무턱대고 사람을 믿어서 손해를 당한 적은 없었는가? 미국 대통령을 지낸 로널드 레이건은 "사람을 믿어라. 하지만 그들이 믿음직한지 늘 확인하라"며 맹신을 경계하도록 조언한다.

누군가를 전혀 믿지 않으면 관계는 얕아지고, 결국 외로움 속에 갇히게 된다. 그러나 맹신은 위험하여 상대를 제대로 알지 못한 채 무조건 믿으면 상처받거나 이용당할 수 있다. 처음부터 모든 걸 맡기지 말고 약속, 행동 같은 작은 부문에서 신뢰를 쌓아가야 한다. 신뢰는 '주는 것'이 아니라 '쌓이는 것'이다. 반복되는 행동이 곧 그 사람의 진짜 모습이다. 믿음은 경계심과 균형이 필요하다. 사실 중요한 건 상대가 아니라 내가 잘 구분할 힘을 기르는 것이다.

한때 사람들이 선하고 믿음직하다는 말에 신뢰를 깨뜨린 사건도 있었다. 마음 놓고 산행을 즐기는 일에 찬물을 끼얹은 엄청난 충격을 가져왔다. 2012년 7월 제주올레길 1길 40대 여성 살해 사건, 2016년 5월 서울 노원구 상계동 수락산 등산로 입구의 60대 여성 살해 사건은 충격적이었다. 사람이 사는 세상이 어떻게 이럴 수가 있을까? 보통 산이나 둘레길에서 "안녕하세요. 안전한 산행 하세요"하고 서로에게 가벼운 인사를 건넨다. 이 말 한마디는 걷는 내내 즐거운 에너지원이 된다.

우리가 살아가는 세상에서 사람들의 정이 다소 팍팍한 부분도 있다. 같은 아파트에서 문만 마주하고 있지 소통이 없는 어색함, 층간소음으로 여러 가지 불미스러운 사건이 터지는 요즘 세상 아닌가? 개인주의 성향이 강한 SNS도 사람들 간에 정을 쌓을 수 없는 방해 원인으로 지적되기도 한다. 하루아침에 그만둘 인간관계가 아니라면 내가 먼저 다가가는 것이 좋다. 가까운 이웃으로, 즐거운 직장 동료를 원한다면 믿음이 차곡차곡 쌓일 정도로 먼저 마음을 베풀어야 한다. 신뢰는 '주는 것'이 아니라 '쌓이는 것'이기 때문이다.

무등산 정상에서 바라본 해돋이

무등산(無等山), 그야말로 '차등이 없는 산'이다. 서로를 조건으로 나누는 차등이 없다면, 모두 공평하고 평등하다는 뜻이 아닌가. 서로 공평하고 평등한 관계를 유지하려면 근본이 되는 것은 친절과 믿음이다. 서로에게 친절해야 믿음이 쌓이는 것이니 친절과 믿음은 서로 뗄 수 없는 관계다. 무등산에는 저잣거리처럼 분주한 장불재가 있다. 원효사나 중봉에서 곧장 정상만 올라갔다가 내려가지 않는 한, 모든 등산객이 모였다가 흩어지는 곳이다. 줄곧 증심사 방향에서 세인봉이나 중머리재로 올라와서 장불재에 머물다가 정상으로 올라갔는데, 한번은 안양산에서 미끈한 백마 능선을 타고 올라왔다. 예상대로 많은 사람이 장불재 쉼터에 편안하게 휴식을 즐기고 있다. 얼굴에서 누구 한 명 불편하거나 힘든 기색도 없이 평온해보였다.

무등산 등산을 여러 해 다니면서 느낀 것은, 어느 곳에서 정상을 오르내려도 편안하다는 것이다. 이곳저곳에서 스쳐간 사람들의 표정도 밝고 활기가 넘쳤다. 산이 편해서일까, 사람들이 모나지 않고 둥글둥글해서 그럴까? 이유는 뭐라고 정확하게 따져볼 수 없어도 유독 무등산에만 오면 그런 기분이 들었다. 여느 명산과 달리 무등산만이 주는 평온함은 다 이유가 있는 것 같다. 멀리서 봐도 산이 우락부락 험하게 생기지 않았다. 몇 군데 날카로운 주상절리대가 있어도 전체적으로 산이 부드럽다는 인상을 감추지는 못한다. 둥글둥글 부드러운 산을 자주 다녀서 사람들도 무등산을 닮았을까?

친절과 배려, 신뢰와 정직함은 어느 정도는 공평하고 평등한 관계에서 나오는 것이다. 만약 공평하고 평등한 마음을 근본으로 여기지 않는 인간관계는 어떻게 될까? 거짓 신뢰로 상대방을 이용하고 돌이킬 수 없는 마음의 상처를 준다. 인생에서 믿음이 가고 순한 사람을 친구로, 동료로, 이웃으로 두는 것은 쉽지 않다.

사람들은 대개 이렇게 생각한다.

'나는 착하게 살면서 남에게 해코지한 적도 없고, 남에게 무한 신뢰를 보냈고, 남에게 못된 짓도 안 했는데 어째 다른 사람

들은 이럴까?'

'나는 아무런 잘못이 없는데 어떻게 사람들이 나에게 시련을 안겨줄까?'

'내가 저지른 일이라면 내가 받는 게 당연하지만, 왜 남이 한 짓을 내가 받아야 할까?'

이 모든 시련과 불신은 나의 욕심과 나의 감정이 만드는 것이다. 그러기에 이걸 풀 사람은 오직 나뿐이다.

그럼 어떻게 할까? 쓸데없는 자만과 편견을 벗어버리고 타인과 평등한 시선을 맞추는 순간 마음의 평화가 다가온다. 남의 탓으로 돌리지 말고 더욱 사랑하는 길만이 해답이다. 장불재에서 무거운 짐보따리를 벗어놓고 둥글둥글한 얼굴을 가진 많은 사람을 보면서 꿀맛 같은 휴식을 즐겼다. 우리도 무등산 이름처럼 차별과 등급 없이 둥글둥글 함께 지내면 어떨까?

무등산에는 등급 없이 평온한 세 곳의 너른 평원인 중머리재, 중봉 억새밭, 장불재가 있다. 여기서는 모든 사람이 서로 믿고 같은 산을 즐기는 이웃이 된다. 느슨하게 풀었던 등산화 끈을 조이고, 등짐을 매고 입석대, 서석대로 출발했다. 철쭉꽃이 곱게 핀 입석대 주변 등산로를 지날 무렵에는 온화한 봄볕이 몸과 마음을 어루만져주었다. 올라가는 사람, 내려가는 사람 모두 평온하고 순하다.

사람이 좋아서일까, 무등산이 지닌 본성이 좋아서일까? 이 산에 오면 매번 내 마음도 사람다워진다는 걸 느낄 수 있었다. 고속버스 시간이 남아서 이른 저녁 식사로 터미널 근처에 있는, 담양 창평 전통시장이 원조인 국밥집에 또 들렀다. 이래저래 인간관계에 대한 정의를 생각하면서 뜨끈한 국밥이 나오길 기다렸다. 사람을 믿어야 한다. 누군가를 전혀 믿지 않으면 관계는 얕아지고, 사회는 결국 싸늘한 공간으로 변한다. 거짓 신뢰로 상대방을 이용하고 돌이킬 수 없는 마음의 상처를 줄 생각은 말아야 한다. 인생에서 믿음이 가고 순한 사람을 친구로, 동료로, 이웃으로 두는 방법은 내가 먼저 손을 내미는 것이다. 그들이 나를 받아줄 때까지 말이다.

"국밥 나왔어요!"

여러 번 먹어본 음식이라고 광주에서도 담양에서도 창평국밥은 입이 즐겁다.

 많다고 무조건 좋은 건 아니다

일하면서 그 과정에 부족한 부분이 발견되면 어떻게 할 것인가? 적당하게 넘기고 그냥 진행한다, 아니면 부족한 부분을 보충한다. 일의 완성도를 높이려면 대충하는 것은 용납할 수 없다. 시간이 걸리더라도 부족한 부분은 보충하는 것이 맞다.

명산 100곳을 다니는 동안에 다시 다녀온 산이 10여 곳이다. 설렁설렁 오르내리면서 사진 한 장 남겨둔 게 없는 산, 사진은 있어도 그 수가 적거나 쓸만하지 못해서다. 기록을 중시하는 요즘 세상이라서 명산 정복 사진이 필요하기도 했다. 사진이 없어도 본인만 인정하면 될 일인데도 다시 험한 등산로에 발을 들일 때는 힘들었다. 왜냐면 체력이 그때 그 시절만큼 따라주지 않아서다. 턱없이 부족했던 사진을 가득 채우고 나서야 마음도 풍족해졌다. 부족하거나 없으면 가지고 싶고, 가진 것이 많아도 더 가지려고 욕심을 내지는 않는가? 뭔가 부족하고 없으면 삶을 사는 데 불편하기는 하다. 그렇다고 무리하게 많이 가지려고 하면 도리어 부족함만 못하다.

"지나친 것은 미치지 못하는 것과 같다."

《논어》에 나오는 '과유불급(過猶不及)' 이다. 우리는 살다 보면 이러한 과유불급에 직면할 때가 많다. 그러나 의미를 알면서도 막상 나에게 닥치면 일단 많이 가지고 싶어지는 게 인간이다. 다다익선, 즉 '많으면 무조건 좋다' 는 그릇된 생각으로 인해 일단 수중에 들어오면 가지고 보려는 습성이 있다.

그러나 배도 적당히 불러야 건강한 거고, 일도 적당히 해야 행복한 거고, 돈도 많다고 좋은 게 아니듯, 베풀 때 또 다른 행복 감을 느낄 수 있다. 이걸 따르고 실천하기는 쉽지 않다. 그러니 더 나은 삶과 목표를 이루려면 과유불급의 의미를 깊이 이해하고 실천해야 한다.

[창녕 화왕산에 다시 온 이유]

가을이면 장관을 연출하는 화왕산의 억새

억새꽃이 바람결에 춤을 추는 모습이 달빛에 비쳐 은백색으로 반짝이는 호수 위의 은결과 닮았다. 억새밭 사잇길을 걷는 사람들의 옷차림은 차라리 단풍이 들었다고 해도 될 만큼 알록달록하다. 성곽에서 내려다보는 창녕 화왕산 억새 풍경은 해마다 10월이면 감동의 물결이다. 이 산의 가을 풍경을 사진으로 담고

114

싶어서 30년 만에 다시 왔다. 다른 사람들은 평생 한 번 다녀오기도 벅찬 화왕산에 다시 온 이유는 사진이다.

명산 화왕산을 추억하면서 글을 쓰려면 30년 전 빛바랜 컬러 사진 몇 장으로는 턱없이 모자랐다. 그 시절은 대구에서 대학교에 다니던 때라 30년 뒤 서울에서 내려가는 것보다 훨씬 수월하게 창녕 화왕산에 갈 수 있었다. 그렇지만 그때도 젊은 열정만 믿고 다녔지, 대구에서도 대중교통으로 다녀오는 것도 만만치 않게 시간이 걸렸다. 다만 장시간 운전을 하지 않아도 되던, 운전면허증도 자가용도 없던 시절이었다. 100대 명산 도전 목표를 세운 뒤에 이런 이유로 다시 다녀온 산이 많다. 그놈의 기록 사진이 뭐라고.

그저 산이 좋아서 매주 동네 산으로 다닌 북한산, 도봉산, 관악산조차 쓸만한 사진을 남기지 않았다. 이미 다녀온 산이더라도 애당초 사진조차 없었거나, 있어도 필름카메라 사진 몇 장이던 서울 근교 천마산, 용문산과 장거리 밀양 재약산, 청도 운문산, 통영 사량도 지리산, 진안 마이산, 산청 지리산, 창녕 화왕산으로의 다시 산행은 힘들었다. 인생에서 뭐든 부족한 부분이 있어서 채우려면 그것에 또 다른 노력은 반드시 뒤따른다.

처음부터 부족함이 없도록 철저하게 계획하고 실천하면 모를까, 사람들은 대개 나중에 부족함을 알아차려 후회한다.

"처음부터 잘할걸!"

때늦은 후회다. 그러나 후회하여 일을 포기하기는 이르다. "늦었을 때가 가장 빠르다"는 말이 있다. 이미 늦었다고 생각해도 포기하지 않고 시작하는 것이 아무것도 하지 않는 것보다 낫다는 의미로 자주 인용된다. 포기하지 않는 용기, 완벽한 조건이나 충분한 시간을 기다리기보다는, 부족한 채로라도 시작하는 것이 중요하다는 메시지를 담고 있다. 자기 위로와 동기 부여를 통해 현실의 냉혹함을 인정하면서도, 지금이라도 시작하는 것이 늦지 않았다는 희망의 에너지를 갖는 것이 필요하다. 늦었다고 좌절하기보다는, 오늘부터라도 행동하는 것이 가장 빠른 시작임을 알아야 한다.

1984년에 창녕여자고등학교에서 출발하는 등산로에서 화왕산성 서문까지 올라오면서 마지막에 고생한 기억이 있다. 30년 뒤에는 산 너머 관룡사에서 출발해서 이전보다 긴 거리를 올라오면서 사진도 넉넉하게 담았다. 30년 전에 화왕산은 지금처럼 사람이 많지 않아서 억새밭은 한가로웠다. 긴 줄서기도 없던 시절이라서 하루 내내 정상에 머물러도 누가 뭐라고 하지도 않았다. 30년 후의 정상 표지석 부근은 사정이 완전히 달라져서 겨우 1분도 안 되는 짧은 시간에 사진 한두 장 찍고 자리를 비워줘야 한다.

정상에서 화왕산성 서문 방향으로 내려오면서 보는 억새밭 풍경은 장관이다. 억새꽃 물결을 가득 채운 화왕산 분지 풍경은 서울 상암동 하늘공원이나 포천 명성산의 것보다 한 수 위다. 아마 창녕 화왕산 억새축제는 우리나라의 가장 높은 산에서 열리는 최고의 가을 축제가 아니었을까? 은빛 물결 화왕산 억새축제는 2009년 2월 9일에 억새 태우기 행사 중에 발생한 대형 산불로 7명이 사망하고 81명이 부상을 입은 초대형 참사 이후에 중단되었다. 그런데도 많은 사람이 억새축제가 열리지 않는 산정 억새밭 분지를 다녀간다. 15년 전 그때 이곳에 불난 것을 아는 사람은 드물지 않을까?

눈에 보이는 아름다운 풍경만 마음껏 즐기고 가면 됐지, 애써 그 참사를 기억할 필요까지는 없다. 나도 그랬다. 화왕산 억새밭 산불 참사가 발생한 뉴스를 보다가 깜짝 놀랐던 기억은 해가 지나갈수록 희미하게 잊혀 갔다. 다시 이 산에 왔어도 애써 그 화재 흔적을 찾지는 않았다. 내게 부족했던 억새꽃 화왕산 풍경 사진만 넉넉하게 챙기면 그만이었다. 더 많은 사진을 욕심을 내지도 않고 눈에 보이는 아름다운 풍경을 적당하게 챙겼다.

화왕산성 의병전승비 앞을 지나고 키 큰 억새 숲을 헤쳐 올라가면 화왕산 최고의 조망 장소인 배바위다. 이곳의 사방팔방 탁 트인 조망은 황홀하다. 배바위에서 영남알프스의 명산 운문산, 재약산도 조망할 수 있다. 맞은편 정상과 배바위에서 흘러내린 광활한 억새밭 대초원은 은빛 물결의 호수인 듯, 하얀 솜이불을 펼친 듯하다. 마지막 풍경 하나까지 놓치기가 아쉬워서 여러 차례 뒤를 돌아보면서 비들재 암릉으로 내려섰다.

비들재 코스는 외지인의 발길이 적어서 한가한 편으로 현지인이 추천하던 등산로이다. 긴 능선이 비둘기가 날개를 편 모양에서 비들재라고 하고, 배바위부터 장군봉, 벽바위 등 기암이 절경을 이룬다. 화왕산 천연 바위 조각공원이라고도 부르는 벽바위가 인상적이다.

해가 뉘엿뉘엿 산으로 넘어갈 무렵에 옥천골로 내려왔다. 등산화를 벗고 탁족을 하였는데, 계곡물에 발을 담그고 있으니 은둔 선비의 유유자적한 기분도 살짝 들었다. 중국 초나라 굴원(屈原)의 〈어부사〉에는 어부가 굴원에게 건넸다는 탁족의 말이 있다.

"창랑의 물이 맑거든 갓끈을 씻고, 창랑의 물이 흐리거든 발을 씻는다."

서울로 올라오다가 고속도로에서 살짝 비켜나서 현풍할매곰탕집 앞에 차를 댔다. 맑은 국밥에 얼큰하게 양념을 치고 크게 한 숟가락 입에 댔다. 정성이 가득 담긴 국밥을 들면서 화왕산에 다시 온 이유를 생각해 보았다. 부족한 사진을 채우려고 다시 등산한 화왕산에서 그 부족함을 채웠다. 인생에서 뭔가 부족하면 사는 데 불편하다. 그렇다고 너무 많이 가지려고 하면 도리어 부족함만 못하다. 부족하면 불편해도, 많다고 무조건 좋은 건 아니다. 지나치지 않게 적당히 빼곡한 화왕산 억새에서 과유불급의 의미를 되새겼다.

 남 탓하지 않기로 했다

"탁! 탁! 탁!"

거침없이 규칙적으로 반복되는 등산스틱 소리가 등 뒤에서 들려온다. 또 산에 와 있다는 것을 실감한다. 건강한 에너지를 느끼는 반가운 소리다. 북한산의 수많은 등산로 중에서 육모정 고갯길로 올라가다가 작은 절 앞의 바위에 걸터앉았다. 시절은 겨울인데도 초봄 같은 기온, 더구나 두툼한 옷 때문에 내 몸이 비닐하우스에 갇힌 기분이다. 옷을 한 겹 벗고, 고갯마루 아래의 작은 샘에서 물을 한 바가지 들이킨 덕분에 몸은 평온을 되찾았다. 정상으로 올라가는 거미줄처럼 촘촘한 등산로, 어떤 길은 어린아이도 걸을 수 있을 정도로 편하고, 또 어떤 길은 아무리 혈기왕성한 사람이라도 그때그때 몸 상태에 따라서 난도가 달라지기도 한다. 모든 등산로의 최종 도착지는 정상이다. 그렇듯이 인생의 최고 목표를 '성공한 인물' 에 맞추는 사람도 있다. 어릴 때 꿈을 물으면 그랬다.

"대통령이 되고 싶어요."

그런데 대통령은 고사하고 기업 임원 자리도 앉지 못하고 퇴직한 사람이 부지기수다. 수십 년 직장 생활을 하면서, 수백 개의 명산을 다니면서 깨달은 것이 있다.

"무엇이든 거저 얻는 것은 없다."

그동안 살아오면서 너무 날로 먹으려고 하는 것에 대한 경고의 메시지와 같다.

내가 대학교를 졸업하고 몸담은 회사는 현대그룹. 정주영 회장의 어록과 인생 역정이 담긴 책 《시련은 있어도 실패는 없다》를 자주 되새겨 본다. 여전히 집에 잘 모셔두고 있고, 가끔 제목만 봐도 힘이 생기는 것 같다. 산꼭대기로 가는 길과 인생의 과정은 서로 같다. 뻣뻣한 고통과 텁텁한 땀이 시련이라면 사회생활의 시련은 손꼽을 수 없을 정도로 다양하다. 등산에서 겪는 시련을 날씨 탓, 컨디션 탓으로 돌리는 것이 보통이다. 그런 시련을 왜 자기 탓으로 생각하지 않는 걸까? 좋은 날씨를 고르지 못한 것도, 컨디션을 조절하지 못한 것도 본인 탓이다. 산꼭대기에서 큰 기쁨을 얻으려면 시련을 감수하되, 다른 탓으로 돌리면 안 되겠다.

사회생활에서 맛보는 시련과 실패에도 다양한 변수와 원인이 있다. 나는 혹시 그 원인을 남 탓으로 돌리는 비겁한 인간은 아니었던가? 남 탓은 실패나 문제 발생 시 자신을 비난하지 않고 남을 탓함으로써 부정적인 감정을 회피하고, 자신을 보호하려는 방어 본능에서 비롯된다.

회사 생활 초기에 이런 일이 있었다. 수입 신용장을 개설할 때 수입승인신청서(I/L)도 함께 은행의 외국환 창구에 제출해야 했고, 수입승인서에는 관세율에 적용하는 품목번호(HS CODE) 10자리를 정확하게 기재해야 한다. 이 품목번호가 다르면 수정(Amend)해야 하는데 은행에 다시 가야 해서 번거로웠다. 세관에서 문제가 생겨서 수정 요청이 왔는데, 품목번호를 확인해 준대로 정확하게 타이핑하지 않아서 생긴 문제였다. 여직원을 다그쳐서 곤란하게 만들었다. 타이핑 후의 신용장개설요청서와 수입승인신청서는 남자 직원이 최종 재검토하는 시스템이었다. 은행 마감 시간이 급하고, 늘 잘하던 여직원이라서 믿고 서류를 들고 나간 것이다. 최종적으로 재검토하지 않은 나 자신보다 담당 여직원과 부족한 시간 탓으로 원인을 돌린 실수를 저질렀다.

남 탓을 하면 상대방에게 부담감을 주고, 공손성의 원리를 어기는 행동이 될 수 있다. 특히, 반복적으로 남 탓을 하면 자기 성장과 책임 의식이 약해지고, 대인관계도 악화될 수 있다. 남 탓을 하는 사람은 자존감이 낮거나 자신의 능력에 대한 불안감이 있는 것이 아닐까? 남 탓을 통해 자신을 옹호하고 자신감을 회복하려는 못된 습관은 아닐까? 시련과 실패의 원인을 남 탓으로 돌리지 않고 줄이는 방법을 찾기로 했다. 자신의 책임과 잘못을 인정하고 사과하는 것이 중요하다. 문제를 객관적으로 파악하고, 실질적인 개선 행동을 실천하는 것이 필요하다. 남에게 배려하고 도움을 주는 태도를 갖추는 것도 도움이 된다.

[생각하는 길, 북한산 육모정 고개]

육모정 고개에서 영봉 가는 길에 바라본 북한산의 위용

우이동 입구에서 왼쪽은 하루재로 올라가서 백운대로 가는 길, 오른쪽으로 깊숙하게 들어가면 육모정 고개에서 영봉을 거쳐 하루재에서 쉬다가 백운대로 간다. 이 등산로는 북한산 마니아가 즐기는 길이고 올라가면서 보는 조망은 하루재 등산로보다 뛰어나다. 그리고 서서히 고도를 높여 가면서 중간중간 조망 명소에서 도봉산 우이 능선과 오봉을 바라보면서 나만의 생각하는 시간을 가질 수 있다. 굳이 백운대 정상까지 오르지 않을 것이면 책 한 권을 배낭에 넣어가서 읽기도 좋다.

매주 많은 사람이 거칠고 험한 북한산의 다른 능선을 오를 때 나는 한가롭고 조망 좋은 이 고개로 자주 올라간다. 그렇다고 이 등산로가 아주 날로 먹는 길은 아니고, 가끔 어려운 곳도 불쑥 나타난다. 보통 사람들은 날로 먹을 만한 편하고 짧은 등산로를 이용해서 정상을 정복하려고 한다. 이왕 정상 정복이 목적이라면 고통을 피하고 싶어서다. 인생도 그렇지 않을까?

최고의 목표를 향해 달려갈 때 될 수 있으면 시련이 없기를 간절히 바란다. 세상일은 본인이 원하는 대로 쉽게 이루어지지 않는다. 원하는 것을 얻으려면 반드시 정직한 대가를 치러야 하는데, 그 과정에서 시련과 실패의 고통은 어떤 식으로든 닥친다. 생각의 깊이가 없는 얄팍한 꾀로 어설프게 시련을 이기려 들면 오히려 역효과를 낸다. 편한 지름길 등산로라고 생각하고 섣불리 들어섰다가 큰 화를 입는 것과 다를 바가 없다.

인생에서 목표에 도달하기까지 닥치는 다양한 시련과 고통을 마주하고 방향이 틀렸다면 수정하고 보완해야 한다. 방향이 틀렸는데 계속 고집하면 목표 달성이 어렵거나 시간이 오래 걸린다. 아니면 전혀 다른 방향으로 가다가 최종 목표에 닿지 못할 경우도 있다. "그래! 내가 이 길로 바꾸기를 정말 잘했어"하고 말할 수 있을 때가 성공한 것이다.

명산의 정상에 올라온 사람들의 표정은 각양각색이다. 표정이 밝고 깨끗한 사람, 물에 빠진 생쥐 꼴의 사람, 오만상으로 죽을 표정인 사람도 있다. 산의 정상에 올라가고, 어떤 분야에서 최고의 성공한 사람이 되고자 하는 욕망은 누구에게나 존재한다. '정상, 최고, 성공'이라는 최상급의 단어를 만나는 데는 출발지가 중요하지는 않다. 목표를 향해서 가다가도 예상하지 못한 변수가 생기면 방향을 틀어야 한다.

"오늘은 이 길이 왜 이렇게 힘들까?"

매번 다니던 길인데도 유독 힘든 날이었는데, 땅속에서 나를 통째 끌어당기는 듯한 묵직한 발걸음. 날씨 탓을 하면서 풀썩 주저앉았다. 가만히 생각하면 산길이 힘든 것은 아니었다. 매번 걷던 길이고, 그 길의 돌부리며 나무는 그대로인데 문제는 내 몸과 마음인 것이다. 내가 힘들고 어려운 일이 닥치면 원인을 남 탓으로 돌렸다.

가정, 직장에서 남 탓을 하면 얻는 것은 아무것도 없다. 오히려 다른 사람들을 불편하게 하고 결국 자신도 스스로 괴로울 뿐이다. 힘에 부쳐서 거지 같다고 불평한 등산로, 일을 망쳐서 동료 직원 탓만 한 직장 생활, 내 앞에 닥친 어려움과 시련의 진짜 원인을 찾는 데는 인색했다. 배낭의 무게, 준비운동 부족, 확 떨어진 나의 기초체력에서 문제를 찾았다. 계획과 준비, 자료 부족으로 일을 제대로 처리하지 못한 나란 인간. 등산이든 사회생활이든 과정과 결과에 만족하지 못하면 원인을 남 탓으로 돌리기보다 먼저 자신부터 살펴봐야 한다. 시련과 실패의 원인을 안에서 찾는 습관을 들이면 그런 과정을 훨씬 슬기롭게 벗어날 수 있다.

올라가는 길이 짧고 어렵지 않은 북한산 육모정 영봉 코스는 생각하기 좋은 길이다. 산으로 급하게 올라갈 이유가 없다면 조망이 좋은 곳에 앉아서 하늘과 산을 바라보자. 그동안 남 탓으로 돌린 일이 있었다면 이곳에서 다 쏟아부어 하늘로 날려버리자. 산에서 내려올 때쯤이면 마음도 몸도 깃털처럼 가벼워졌다는 걸 느낄 수 있다.

 ## 두려운 것은 내 마음이다

35년 만에 지리산 종주 등산을 무사히 마치고 며칠 뒤에 큰딸에게 짧은 메시지를 보냈다.

"능선에서 높고 낮은 봉우리를 넘으면서 겪은 고생을 아빠의 35년 직장 생활의 애환으로 비유하고 싶네. 34km를 다 걷고 지리산 종주를 마치고 나서, 두려운 건 세상이 아니고 내 마음이더라. 잘하고 못한 일을 되돌아본 소중한 시간이었어. 그리고 늘 고맙고 미안한 우리 딸과 엄마. 평소에 말로 표현하기 어려웠는데 역시 인생의 보석 같은 소중한 존재는 가족이더라. 두서없이 몇 글자 남기는 데 마음에는 담아두지는 마. 허투루 들은 이야기도 마음에 꽉 채우면 그만큼 비우기도 힘들더라. 아빠가 40년, 35년 만에 다시 지리산 종주 등산을 왜 했을까?"

40년 전 8월 대학교 2학년 여름 방학 때 고향 집에 내려와 있다가 벗들과 지리산 종주 등산을 했다. 고향 상주시에서 지리산까지 한 번에 가는 교통편도 없고, 무일푼 학생 시절이라 경제적 부담도 만만치 않았다. 고민하다가 벗들과 약속한 날을 얼마 앞두고 아버지에게 지리산에 가겠다고 말씀을 드렸는데, 대답은 'No'였다. 며칠 뒤에 어머니는 나를 밖으로 조용히 불러내서 봉투 하나를 주셨다. 천 원권, 오천 원권 지폐가 든 봉투를 주시면서, "사고나 당하지 말고 잘 다녀와."

다시 5년이 지난 8월, 대학교 4학년 마지막 여름 방학 때 두 번째 지리산 종주 등산을 했다. 이때는 의미가 조금 달라졌다. 대기업에 취업이 예정된 상태여서 사회생활에 첫발을 딛는 기대와 각오를 다지면서 나선 종주 등산이었다. 직급이나 책임감이 없던 학교를 떠나서 성인으로서 가장 중요하지만 어려운 것은 사회생활이라고 생각한다. 사회생활은 학교에서 가르쳐주지 않기 때문에 실제 경험을 통해 배우는 수밖에 없다. 신입사원 오리엔테이션과 연수원 교육이 있어도, 처음 경험하는 사회생활은 힘들고 어렵다. 하지만 그 경험은 무엇과도 바꿀 수 없는 내 평생의 자산이 될 줄은 세월이 한참 흐른 뒤에 알게 되었다.

나는 대학 시절에 월등하게 좋은 성적은 아니었어도 B+ 이상의 괜찮은 성적을 받았다. 우리 때는 그 정도 성적이면 은행이고 대기업이고 취업 걱정은 크게 하지 않아도 되었다. 더구나 나는 지방에서는 알아주는 명문대학교여서 기업체의 취업 추천서도 넘치는 편이었다. 공부를 열심히 안 해도 자동으로 졸업할 수는 없었지만, 평균 이상의 성적만으로도 괜찮게 취업한 과 동기생이 많았다. 취업 부담이 작아도 걱정거리는 따로 있다. 책임감, 부담감, 새로운 지역, 낯선 사람, 직급 조직의 모든 단어가 나에게는 어려움으로 느껴지던 때다. 첫 출근도 하기 전에 미리 겁먹은 것이다.

종주 중에 바라본 광활한 지리산

"내가 왜 정년 퇴임이야?"

받아들이고 싶지는 않았지만, 법정 정년퇴직의 순간이 다가왔다. 1991년 1월에 사회생활을 처음 시작한 나는 2025년 8월이만 60세로 법정 정년퇴직 연한이다. 처음 시작한 회사에서 줄곧 생활한 것은 아니고, 마지막 8년은 규모가 제법 있는 중소기업에서 본부장을 지냈다. 햇수로 35년 동안 사회생활을 했는데 처음 시작할 때와 다른 두려움이 생겼다. 즉. 퇴직 후의 남은 인생에 대한 고민이다.

방송 다큐멘터리에 나오는, 퇴직 후 멋진 인생 제2막을 즐기는 사람들의 이야기는 현실과 다르다는 생각이 들었다. 인생 2막은 퇴직 후 새로운 시작을 의미하며, 준비와 계획에 따라 삶의 질이 사람마다 달라질 수 있다. 사회생활 초보 때는 준비 없이 시작하여 다양한 경험을 쌓는 과정, 퇴직 후에는 인생 경험을 바탕으로 재정적 준비, 건강 관리, 목표 설정, 취미·관심사로 나누어 노후를 설계하고 관리하는 과정이다. 특별한 경우가 아니라면 대다수 퇴직자가 겪는 어려움은 건전한 재정이 관건이다. 건강 관리도 매우 중요한 부분이며, 재정과 건강이 보장되어야 인생 2막의 목표 설계와 취미생활을 행복하게 누릴 수 있다. 현실적으로는 여러 가지 어려움에 직면하면서 허탈한 생각이 들 수 있다. 어느 정도 국민연금 수령액이 보장되었어도 연금 개시 연령에 도달할 때까지의 소득 단절 기간은 재정적 압박이다. 더구나 퇴직 이후 인생 2막의 준비가 잘 안 되었다면 고령이 되어 큰 어려움이 닥칠 수 있다.

비록 출발하는 장소는 달라도 35년 만에 다시 지리산 종주 등산 계획을 짰다. 회사의 배려로 정년 퇴임 달인 8월 한 달은 통째 휴가다. 묘하게 35년 전 대학교 4학년 여름 방학 때와 같은 8월이다. 35년 전에는 '첫 사회생활의 기대와 희망'을 위한 종주 산행이었다면, 이제 정년 퇴임을 앞두고는 '살아온 인생 회고'의 종주 산행이다.

이틀 밤 지리산 능선에 숙박할 대피소, 심야 고속버스 예매, 물품까지 꼼꼼하게 준비했다. 서울 남부터미널에서 출발한 심야 우등고속버스는 컴컴한 하늘에 별이 총총 박혀 있던 경남 산청 중산리주차장에 몇 안 되는 승객을 부려놨다. 8월 17일 새벽 4시부터 딱딱한 포장도로에서 지리산국립공원 중산리 산청분소를 향해 올라가면서 종주 등산은 시작되었다. 이쪽에서 출발하는 종주 등산은 처음으로 산청 중산리~천왕봉~장터목대피소~연하천대피소~삼도봉~노고단고개까지 약 34km를 홀로 걸었다. 마음도 몸도 급할 것이 없어서 힘들면 쉬고, 좋은 풍경과 예쁜 야생화가 보이면 사진도 아낌없이 찍었다.

그때와 달라진 것은 등산로 주변과 쉼터에 쓰레기 하나 볼 수 없을 정도로 깨끗하다는 것이다. 아무 데나 텐트를 쳐놓고 숙박하던 낭만 시절도 옛이야기, 산장에서 대피소로 이름이 바뀐 숙박시설 덕분에 아늑한 숙박은 물론 자연환경까지 나아졌다. 물론 지리산을 아끼는 등산객의 수준도 그만큼 높아졌다는 걸 알 수 있다. 첫날은 천왕봉에서 장터목대피소에 일찍 들어가서 푹 쉬었다. 체력이 팔팔하던 20대 때와 달라서 첫날 거리는 짧게 잡아서다. 결과적으로 2박 3일 종주 등산을 하는 데는 큰 도움이 된 셈이다.

둘째 날은 지리산 능선 중에서 내가 가장 좋아하는 촛대봉과 세석평전에서 상당히 많은 시간을 보냈다. 촛대봉은 천왕봉과 노고단 방향의 반야봉 조망이 빼어난 봉우리다. 세석평전 대피소에서는 텐트 치고 야영하던 시절을 생각하면서 점심도 먹고 무더위를 피해서 낮잠까지 즐겼다. 이렇게 여유를 부린 나머지 벽소령 통과 시간인 오후 5시를 넘기는 바람에 어쩔 수 없이 거기서 하룻밤을 묵어야 했다.

지리산 종주 등산 마지막 3일째, 뜻밖의 고된 순간을 맞았다. 이전의 기억이 남아 있지 않아서 토끼봉에서 삼도봉을 넘어가는 길이 그렇게나 힘들 줄 몰랐다. 험악한 암릉도 그렇다고 경사가 매우 심하지도 않은데 말이다. 노고단까지 가다가 해 떨어지는 건 아닐까? 괜히 사서 걱정했는데 정확히 오후 6시에 노고단에 도착하고 무사히 2박3일을 종주했다. 우려했던 발꿈치도 까지지 않았고, 단 한 번 넘어진 일도 없었다.

"젊었던 그때처럼 잘 해낼 수 있을까?"

고대 중국 기나라 사람의 '기우(杞憂)' 처럼 쓸데없이 '사서 걱정' 을 했다. '걱정을 미리 하지 말라' 는 조언은 아직 일어나지 않은 일에 대한 불필요한 근심을 줄이고, 현재의 순간을 소중히 여기라는 의미가 맞는 말이다. 걱정을 미리 하면 오히려 불안과 스트레스가 쌓일 뿐이다. 실제로는 별일 아닌 경우가 많기 때문이다. 노고단 500m 이정표가 나타났다. 갑자기 긴장이 확 풀리고 세상의 무거운 짐을 모두 내려놓은 듯 몸도 마음도 가벼워졌다.

"지리산, 다음부터는 가장 기쁠 때 다시 와야겠다."

어느 날 갑자기 지리산이 그리울 때 그때.

 ## 이런 사람을 멀리하라고 한다

언젠가 삼성전자 남성 직원을 상대로 '결혼을 꺼리는 여성의 조건 10가지'에 관한 설문 조사를 했다는 글을 본 적이 있다. 공식 조사 결과나 단일 기준은 존재하지 않으니 개인의 가치관, 사회적 분위기에 대한 의견 정도로 받아들이면 속 편하다. 결혼 상대 선택은 개인적·윤리적 기준에 따라 달라질 수 있으므로, 타인의 기준을 절대적으로 따르기보다는 자신의 가치와 상대의 조건을 균형 있게 고려하는 것이 중요하다. 그런데 그 10가지 조건 중에 관심을 끄는 게 하나 있다. 5번째 조건으로 꼽힌 'SNS에 매달려 사는 여성'이다. 그 이유는 이렇다. SNS에 매달려 사는 여성일수록 좋은 것만 바라고, 허영심에 빠져 있을 가능성이 크다는 것이다. 사실일까? 소셜네트워크서비스에 빠진 사람의 성향은 좋은 것만 보여주고, 내게 좋은 것만 원한다고 한다.

서울성모병원 김대진 교수팀은 2016년에 〈SNS 중독률, 여성이 남성의 1.9배〉라는 분석 논문을 내놨다. 여성이 남성보다 스마트폰 중독률이 높은 것은 스마트폰을 통해 의사소통하거나 사회적 관계를 형성하려는 성향이 좀 더 강하기 때문이란 추정이 나왔다. 김 교수는 "특히 여성들은 카톡이나 소셜네트워크서비스 등을 통해 또래 관계를 유지하는 경향이 더 강하다"고 설명했다. 스마트폰 사용이 능숙한 젊은 층일수록 경제활동을 하는 30~40대보다는 중독률이 높은 것으로 추정된다는 게 연구팀 설명이다. 불안이나 우울감이 높은 사람일수록 일종의 현실 도피처로 스마트폰 중독에 빠지기 쉽다고 말했다. 일이든, 사람이든, 돈이든, 취미든지 너무 깊숙이 빠지면 좋지 않다는 것이다. 적당히 해야 가장 큰 만족감을 얻는다.

[사진 한 장 쉽지 않던 민주지산]

여러 해를 기다리고 기다렸다가 2017년 2월에 민주지산 설경을 보려고 많은 등산객 틈에 끼었다. 사진 한 장에 홀라당 넘어가서 겨울만 되면 등산을 하고 싶은 산인데도 해마다 일정을 맞출 수가 없었다. "눈꽃 산행의 백미를 보고 싶으면 두말 말고 영동 민주지산으로 가라"고 할 정도로 겨울 등산의 성지로 통한다. 사계절 인기 높은 명산임에도 겨울에 가장 많은 등산객이 몰린다.

능선 길이가 8km에 이르는 민주지산의 맑은 하늘 아래 펼쳐진 겨울 풍경에 넋을 잃었다. 이 산은 충북·전북·경북 삼도를 가르는 삼도봉을 거느린 명산으로, 옛 삼국시대는 신라와 백제가 접경을 이루었다. 지리산 끝까지 백두대간에 한 자리를 당당히 차지하고 있다. '민주주의' 라는 말에 감동될 수 있어도 이 산은 그것과 전혀 관계가 없다.

눈꽃 산행의 성지, 민주지산

등산은 추풍령에서 남서쪽으로 15㎞ 정도 떨어져 있는 도마령 고개에서 시작하여 각호산(1,202m), 민주지산(1,242m), 석기봉

(1,242m)을 차례대로 오르고, 시간이 되면 삼도봉까지 걸을 계획이었다. 도마령은 영동군 황간에서 전북 무주로 넘어가는 해발 800m의 고갯길, 이미 해발 800m부터 등산을 시작하는 덕분에 정상까지는 400m만 고도를 높이면 된다. 파란 하늘 아래 펼쳐진 은빛 민주지산 풍경을 그냥 둘 등산객들이 아니다. 외길 등산로를 막고 배경 좋은 데서 너도나도 사진 찍기에 분주하다. 등산 시간이 다른 계절보다 더 오래 걸리는 이유다.

얼마를 걸었을까! 오르막에서 느닷없이 오가도 못할 지경이 되었다. 앞에서 누가 사고를 당한 것일까? 극심한 정체가 발생한 곳은 각호산 암릉의 좁은 등산로 때문이었다. 이쪽에서 밧줄을 잡고 내려간 뒤에 아래에 있던 사람들이 그 줄을 잡고 위로 올라와야 하는 바윗길이다. 짧고 날카로운 암릉 한 곳을 통과하는 데만 약 20여 분이나 걸렸다. 그렇게 정체가 심한 데도 길막이 사진 삼매경에 빠진 등산객도 있다. 길이 막힌 김에 바라보던 정상 방향으로 이어진 긴 능선의 설경은 장관이다. 겨울에 이 산에 다녀가야 하는 이유를 설경이 말한다. 각호산에서 민주지산 정상까지 거리는 3.4km, 어려움 없는 순탄한 능선이다. 설경은 갈수록 감당하지 못할 정도로 심하고, 나무라고 서 있는 모든 것에 모조리 상고대가 맺혔다. 상고대는 마치 사슴뿔에 눈이 쌓여 그대로 얼어붙은 듯 신기한 모양이다. 능선 바닥의 조릿대는 눈에 파묻혀서 겨우 초록색 잎만 드러냈고, 하늘은 상고대가 맺힌 나뭇가지 사이에서 파랗게 빛나고 있다.

도마령에서 출발하여 약 3시간 만에 정상에 도착했다. 예상대로 정상은 인산인해다. 도마령과 물한계곡 코스에서 출발한 등산객이 모두 모인 때문이다. 석기봉과 각호산으로 탁 트인 양방향 겨울 풍경에 입을 다물 수가 없다. 겨울 등산을 즐기면서도 이런 멋진 설경을 구경한 명산은 몇 되지 않았는데, 민주지산의 겨울은 막힘이나 장애물 없이 시야가 넓게 펼쳐져 시원하고 감동적이다. 나도 정상 인증사진을 찍고 싶어서 줄을 섰다. 긴 줄이 도무지 줄어들지 않는다. 20명 남짓 단체로 온 등산객이 단체 사진에 더해 각자 개인 사진으로 또 찍고 있다.

그렇게 사진을 찍는 이유는 둘로 나눌 수 있다. 하나는 기념사진으로 간직하는 것, 다른 하나는 취미로 즐기는 개인 소셜네트워크서비스 목적이다. 나도 블로그를 이용하고 있는데 여행과 등산, 일상의 일을 기록하는 정도이다. 일일 구독자도 전체 팔로워도 많지 않은 편이다. 소셜네트워크서비스를 운영할 목적으로 많은 사진을 촬영하거나 그런 활동에 많은 시간과 열정을 소비하지 않는다. 적당히 일상을 기록하고 취미로 글을 쓰는 블로그 본래의 취지를 벗어나지 않는 편이라서 마음이 편하다. 자신의 관심사에 따라 자유롭게 칼럼, 일기, 취재 기사 따위를 올리는 취미 활동을 누가 뭐라고 하지는 않는다.

그렇지만 블로그 본래의 뜻을 벗어나서 지나치게 몰입하는 사람들이 적지 않다고 한다. 정확한 통계는 없어도 네이버, 티스토리 등 국내 플랫폼에 기반을 둔 블로그 운영자 수는 수십만 명에 이른다고 한다. 문제는 블로그 등 SNS에 있는 것이 아니라 운영자들의 과몰입과 중독이라고 한다. 일상에서 소셜네트워크서비스를 염두에 두고 모든 행위를 하고 있다는 것이다.

그래서 'SNS에 매달려 사는 여성'이 결혼 기피 대상 10가지 조건 중 5번째로 꼽힌 걸까? 페이스북 같은 소셜네트워크서비스를 사용하는 사람일수록 자아도취에 빠지기 쉽다는 연구결과도 있다. 캐나다 요크대학교 소라야 메디자데 박사팀의 연구 결과 페이스북을 매일 사용하는 학생들의 자아도취 정도는 쓰지 않는 학생들보다 훨씬 높게 나타났다. 또 남자는 글의 형태나 내용에 신경을 썼지만, 여자는 프로필 사진을 고르는 데 더 집중했다. "페이스북 같은 SNS는 온라인에 자기 자신을 비추는 거울과 같다"며 사용자들은 자기 외모가 다른 사람들에게 어떻게 보일지를 신경 쓴다. 친구들이 얼마나 많이 멋지다고 평가하는지, 그런 친구가 얼마나 많은지를 중시한다.

그렇다면 우리가 지향해야 할 바는 무엇인가? 이에 대해 맹자는 '시중(時中)'을, 주자는 '중용(中庸)'을 말한다. 때에 맞는 적절한 처신, 어느 한쪽에도 치우치지 않는 적당함이다. 좋아하는 것, 즐겨 하는 취미를 나무랄 시대는 아니다. 다만 그런 것에 중독되어 헤어날 수 없으면 시간·수면·정신건강을 해치므로 사용 시간을 제한하고 디지털 디톡스까지 생각해야 한다. 더 큰 문제는 타인과의 비교로 인한 자존감 하락과 불안·우울이 증가할 수 있다는 점이다. 소셜네트워크서비스를 목적으로 하던 사진을 덜 찍고 자연을 즐기기로 했다. 자극적인 내용의 쇼츠 영상에서 거리를 두고 나서 조급함이 사라지기 시작했다.

정말 나답게 / 산다는 것은

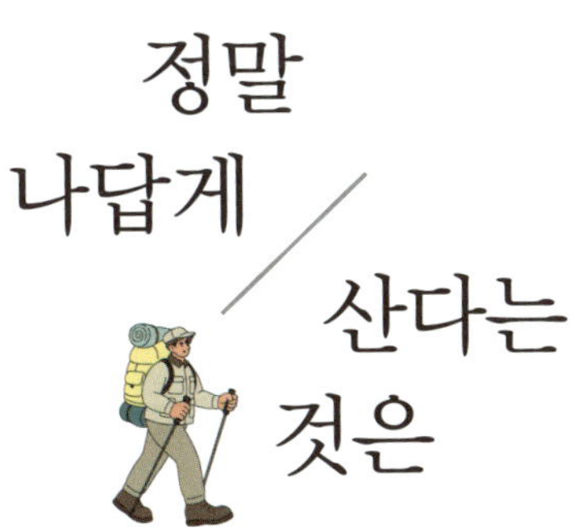

남이 닦은 길을 걸어가고 있다

"나 때는 말야!"

자기보다 나이가 많은 사람이 시대에 뒤떨어지는 이야기를 쏟아낼 때 쓰는 말로 젊은 사람들의 머릿속에 박힌 말이다. 학교 조회 때 교장 선생님의 긴 훈시, 직장에서 회의 시간에 쏟아내는 부장님의 인생사는 정말 듣기가 지루했다. 그런 이야기가 아무리 좋은 취지라고 해도 귀에 쏙쏙 들어올 리 없었다.

"아! 언제 저 이야기를 멈추나!"

세월이 흘러서 나도 어른이 되었다. 나도 지금은 '라떼 어른'이지만 될 수 있으면 자기중심적 이야기를 줄인다. 나도 젊은 시절에는 어른들 말씀이 귀찮았다. 나이가 들어보니 그때는 왜 그랬나 싶다. 지금 젊은 세대가 내 이야기를 조금 들어줬으면

하는 서운함도 있다.

이럴 줄 알았다면 나도 젊을 때 어른들의 말씀을 경청할 걸 그랬다. 어른들과 선배들 이야기가 무작정 듣기 싫은 것은 아니었다. 세월 속에 다져진 경험과 인생 노하우는 듣고 배울 점도 많았다. 우리는 자기가 듣기 좋은 말만 듣는 나쁜 습관이 있다. 또 본인의 자랑거리만 타인에게 늘어놓는다. 어른들과 선배가 늘어놓는 경험담을 무작정 따라 하는 것이 아니라, 그 말씀에서 자신에게 도움이 되는 내용을 참고하라는 것이다.

[반질반질한 길 따라 선운산 한 바퀴]

선운산 자락 단풍길

이미 사람들이 수없이 밟고 다녀서 반들거리는 등산로를 '산 위의 고속도로'로 부른다. 꽃무릇이 없던 3월에 고창 선운산으로 왔다. 선운산은 오로지 전라북도 고창군에 들어앉은 높이 336m의 산이다. 선운산 정상 수리봉과 최고봉인 경수봉(444m)은 아랫마을 심원면 사람들의 동네 산이다. 산이 낮아서 외지인도 선운사에 여행 왔다가 후다닥 다녀올 수 있을 정도로 야트막하다. 산에는 중생대 백악기에 화산이 폭발하여 쌓인 회색빛을 띤 응회암류 퇴적층이 분포한다. 산 이름의 '선운'은 구름 속에서 참선한다는 뜻이고, 다른 이름으로 도솔산이라고도 불리는데 도솔은 미륵불이 있는 '도솔천궁'이라고 한다.

선운산은 그리 높지는 않지만 다양한 비경과 명승 고찰 선운사와 도솔암 덕분에 연중 많은 관광객과 등산객이 다녀간다. 특히 도솔암을 중심으로 '호남의 내금강'이라 불릴 만큼 계곡미가 빼어나고 숲이 울창하다. 4월에는 동백나무숲의 동백꽃, 봄철의 매화·벚꽃·진달래꽃, 9월 초 도솔천을 중심으로 꽃무릇과 단풍이 아름답다.

등산코스는 선운사에서 출발하여 도솔암 천마봉을 중심으로 고리처럼 둥글게 한 바퀴 도는 종주 등산이다. 선운사 담 옆길에서 석상암 방향으로 출발하면 마이재~수리봉~개이빨산~소리대~낙조대~천마봉~배맨바위~청룡산~쥐바위~국기봉~사자바위~투구바위~도솔제~도솔천에서 선운사로 돌아온다. 산이 낮아서 시간이 오래 걸리지 않을 것 같았는데, 봉우리마다 오르고 이곳저곳의 경치에 매혹된 바람에 8시간을 넘겼다.

선운산 등산로는 많은 사람으로부터 인기를 누리고 있는 사실을 반증이라도 하듯 고속도로처럼 반질반질하다. 등산로가 비교적 평탄해서 다소 지루하다는 느낌을 받을 수도 있는데, 도솔암을 지나면서 천마봉부터 배맨바위, 청룡산, 사자바위까지는 눈이 번쩍 뜨이는 기암 절경에 놀라기도 한다. 지루한 이야기를 오래 듣다가 정신이 번쩍 드는 듯한 멋진 풍경도 선운산 곳곳에 있다. 선운사에서 출발해서 4시간 만에 발걸음을 멈춘 곳은 도솔암이 빤히 보이는 천마봉. 웬만한 산에서 4시간을 걸었다면 다리도 뻐근하고 대충 기진맥진이다. 선운산은 4시간을 걸었어도 힘들기는커녕 갈수록 활력이 넘친다.

천마봉의 조망은 산 전체를 통틀어도 으뜸이다. 산속 깊숙하게 뚫고 들어온 계곡은 청룡산 아래까지 길게 뻗었다. 에너지 넘치는 암봉은 천마봉부터 배맨바위, 청룡산, 사자바위까지 타원형 능선으로 이어진다. 선운사 꽃무릇, 도솔천에서 단풍만 보고 다닌 관광객은 경험할 수 없는 경이로운 풍경이 천마봉에 있다. 보통 선운산 등산은 천마봉에서 끝내고 계곡으로 하산하거나 수리봉 방향으로 올라가는 것이 인기 코스이다. 천마봉에서 한세월을 보낼 수 없기에 배낭을 업고 청룡산 방향으로 출발했다. 예상치 못한 철계단이 급경사 암봉에 놓였는데 이 산에서 가장 험한 구간이 아니었던가?

천마봉까지 반질반질했던 등산로는 청룡산으로 갈수록 더는 볼 수 없다. 남들이 많이 밟고 다닌 길이 아니라서 다소 거칠다. 이 길이 아무도 다니지 않은 길이었으면 설렘보다 두려움도 있을 법했다. 등산이든 인생이든 남들이 잘 닦아놓은 길을 따라가면 어렵지 않게 도착지에 닿는다. 뭐든 처음 가는 길, 남들이 쉽게 가지 못할 길을 스스로 도전하는 것은 기대와 두려움이 반반이다. 그 과정에서 예상하지 못한 어려움 때문에 실패할 것이라는 두려움을 어떻게 이겨낼 것인가? 나보다 먼저 길을 만들어 다른 사람들에게 이로움을 준 사람들은 어떤 생각을 가지고 시작했을까?

인류 문명의 신기원을 연 증기기관은 1663년 서머셋 후작이 처음 발명했다. 18세기에 실린더 내 피스톤을 쓰는 대기압식 증기기관을 뉴커먼이 만들고, 1773년에 제임스 와트는 분리응축기 등으로 효율을 높여 상업화에 성공했다. 곧이어 인류 문명은 유럽을 중심으로 산업혁명을 이룩하여 삶의 질을 높였다. 이걸 만들고 기술을 한 단계 더 높이는 과정에서 얼마나 많은 어려움이 있었을까? 뒷날 이 발명이 인류 문명의 신기원이 될 것을 예상이나 했을까? 오늘날 우리가 누리는 다양한 문명의 도구와 기계, 자동차, 스마트폰, 컴퓨터는 당연한 것으로 여긴다. 누가 어떻게, 왜 만들었는지 알려고 하지도 않는다. 그냥 눈에 보이는 대로 "현대차가 좋다! 벤츠가 좋다!" 하며 타면 그만이다.

다양한 브랜드의 스마트폰이 해마다 새롭게 출시되고 있다. 이 작은 화면으로 우리나라는 물론 세계 구석구석에서 일어나는 일을 실시간으로 볼 수 있는 날이 오는 걸 누가 상상이나 했을까? 스마트폰을 사용하는 데 복잡한 회로도, 전기장치까지 알 필요가 있을까? 구매할 때 동봉되는 사용설명서를 꼼꼼하게 보는 사람도 거의 없다. 먼저 구매하여 잘 쓰고 있는 친구나 가족에게 물어물어 간편하게 사용할 수 있다. 남들이 먼저 밟고 다닌 길이나 먼저 사용하여 그걸 잘 아는 사람을 따라 하는 게 안전하고 편한 시대가 되었다.

"모방은 발명의 어머니"라는 말이 있을 정도로 기존의 것을 관찰하고 배우는 과정에서 새로운 발명이 탄생한다. 레오나르도 다빈치가 새의 날개를 모방해 비행기 개발에 기여한 것처럼, 자연이나 타인의 발명을 관찰해 이를 바탕으로 새로운 아이디어를 내기도 한다. 남이 이룩한 것을 적당히, 건전하게 따라 하면 꼭 나쁘다고 할 수는 없다. 무작정 맹목적으로 따라 하지 않는 모방은 단순히 따라 하는 것이 아니라 배움과 응용을 통해 새로운 창조의 출발점이 되는 중요한 과정이다.

해발 314m 청룡산에서 반질반질한 등산로가 다시 나타났다. 누군가는 분명히 선운산 수리봉 정상 인증이나 도솔암 천마봉 경치에 만족하지 않았다는 증표와 같다. 많은 사람이 선운산을 통째 한 바퀴 등산하지는 않았을지라도, 진정 이 산의 매력을 느끼려던 사람들은 더 먼 길을 걸었을 테다. 청룡산으로 오지 않았다면 고창의 바다를 볼 수는 없을 터, 동호해수욕장 방향으로 바다 경치 조망이 좋았다. 걷던 길을 더 가면 아프리카 세렝게티 초원에서 야생 사자가 갈퀴를 세운 듯한 사자바위다. 사자바위는 맞은편 천마봉, 낙조대, 도솔암 일대의 기암절벽을 구경하는 조망 명소다. 다른 이들이 자주 다니지 않는 곳에서 느낄 수 있던 진정한 선운산 매력, 가끔은 남들이 많이 밟지 않은 길로 다닐 필요도 있는 것 같다. 남들이 이미 이루고 만든 것과 거리를 두고 정말 나답게 독창적으로 한 번쯤 도전해보고 싶다.

 **함부로 휘둘리지 말아야겠다**

"아! 이쯤에서 조금 쉬었다가 가자."

엉덩이가 배기지 않는 곳에 풀썩 주저앉고 배낭을 아무렇게나 던졌다. 전남대학교 수련원 입구에서 출발해서 백암산 상왕봉을 넘어 백양사로 가다가 사자봉과 상왕봉 사이의 고갯길 쉼터에서 쉬었다. 산에서는 다양한 소리를 듣는데 그중에는 자연의 소리가 으뜸이다. 오감을 만족시키는 바람 소리, 새 소리, 흰 구름 소리마저 듣고 있으면 다른 세계에 들어온 기분도 든다. 다양한 사람들이 모이는 쉼터, 나보다 지쳐 보이는 사람도, 얼굴에 땀방울 하나 없이 표정이 밝은 사람도 쉬어가는 쉼터다.

자연의 소리를 듣고 있으면 어쩔 수 없이 사람들 대화도 엿듣게 된다. 보통은 시시콜콜한 사는 이야기인데, 목소리에는 톡톡 튀는 사투리도 섞여 있다. 딱 봐도 어느 지방의 말투인지 알 수 있다. 잘 나가던 대화는 갑자기 감정에 사로잡힌 격한 어투로 변했다. 정치적 이견, 지역감정 같은 편견과 갈등을 담은 목소리가 쩌렁쩌렁 산을 울린다. 편견과 갈등은 어느 나라에서나 정치 · 경제 · 역사적 배경 · 문화의 차이 등 다양한 원인으로 발생하는 뿌리 깊은 문제다. 우리나라도 예외는 아니다. 선거철만 되면 언론, 방송에서는 듣기 거북한 이야기가 마구 쏟아진다. 어디까지가 진실이고, 어떤 것이 공정한지 한쪽 편의 이야기만 들으면 도저히 판단 불가다.

30년 전, 당시 이건희 삼성 회장이 중국 베이징 간담회에서 "우리 정치인은 사류, 관료 행정은 삼류, 기업은 이류 수준"이라고 평가한 말이 지금까지도 정치와 정부를 비판할 때 자주 인용된다. 정치 논리 때문에 돌이킬 수 없을 정도로 깊은 골이 팬 지역감정의 최대 피해자는 국민이다. 산수 경치 좋고, 인심 좋던 옛날의 전라·경상도는 어쩌다가 이 모양이 되었는가, 정치에 묻고 싶다. 같은 나라에 사는 사람들에게 산·강·바다·하늘의 자연은 모두에게 공평하다. 그런데도 그 공평한 모든 혜택을 받아들이지 못하고 편을 갈라서 갈등과 불공정을 만드는 이유는 무엇일까?

600년 전, 조상이 "하늘 아래서 두 나라의 임금을 섬기지 못하겠소!"라며 이성계의 회유를 뿌리치고 고향 부안으로 낙향하다가 지금의 세종시에 뿌리를 내렸다. 가끔 세종시 임씨가묘·독락정에 내려가면 복잡한 요즘 시대를 안타깝게 생각해보기도 한다. 이런 소리를 들으려고 산에 온 것이 아닌데. 산에서는 자연의 소리만 듣고 싶다. 세상에는 듣고 싶은 이야기와 그렇지 않은 이야기로 가득하다. 이런저런 이야기를 듣고 사람을 미워하지도, 함부로 휘둘리지도 말아야겠다. 어느 쪽에 치우칠 마음의 여유도 없는데 정치 이야기만 들리면 정말 난감하다. 비례물청(非禮勿聽), 예가 아니면 듣지 말라는 공자님 말씀이 생각난다.

조계산이 품은 천년고찰, 송광사

장군봉 정상을 400m 남겨놓고 갑자기 운무가 산을 집어삼키더니, 정상에서 보이는 것이라고는 표지석과 글씨뿐. 산 동쪽 선암사에서 출발하여 서쪽의 송광사로 내려가는 일정이다. 2월 첫 주말이지만 겨울도 아니고 그렇다고 봄도 아닌 어정쩡한 계절이다. 우리나라 3대 매화나무 선암매 꽃구경은 감히 생각지도 못하고 산으로 들었다. 정상에서 장박골로 하산하면서는 때아닌 겨울비까지 맞아서 꼴이 말이 아니었다. 등산로와 봉우리는 어렵지도 험하지도 않았다. 승선교까지 주차장에서 제법 긴 거리의 계곡, 비록 꽃은 없지만 봄을 재촉하는 물은 하류로 풍부하게 흐르고 있다. 하늘은 맑지 않았으나 비가 내릴 분위기는 아니고 배낭을 짊어진 등산객이 삼삼오오 정답게 이야기 나누면서 걷고 있다. 겨울 같지 않은 포근함이 느껴지는 2월 초의 조계산은 어떤 모습일까?

조계산 동쪽에 있는 큰 절 선암사가 나에게 깊은 인상을 준 것은 건축의 최고의 예술미 승선교다. 1980년대 초 고등학교 미술 교과서에 등장한 아치형 돌다리는 신비로움 그 자체였다. 그 실물을 직관하고 사진도 촬영하는 이런 날이 올 줄이야! 등산로 곁의 선암사에 당연히 들렀다. 우리나라 3대 매화나무 선암매(천연기념물 제488호)의 꽃을 기대하기는 이른 시기였어도 600년을 간직한 기품은 숨길 수 없다.

사실 매화나무와 승선교 덕분에 선암사가 한국불교 태고종의 총본산이라는 사실은 뒷전이다. 선종과 교종이 무엇이고 대승불교니 소승불교니 하는 것은 일반인에게 중요한 사실은 아니다. 절은 절이고 매화는 매화라고 생각하기 때문이다.

"선배님, 저는 선암사가 송광사보다 훨씬 좋더라고요."

특별한 이유를 두지 않고 그저 눈에 보이는 절 모습이 아름다워서 선암사를 좋아했던 후배. 조계산의 승보사찰 송광사를 제치고 2018년 '산사, 한국의 산지승원'이라는 이름으로 유네스코 세계문화유산에 등재되었다. 송광사를 제친 데는 뭔가 이유가 있었겠지만, 산사는 산을 많이 훼손하지 않고 지형과 어울리게 배치함으로써 예술적 가치도 높은 자연경관을 가지고 있다.

조계산은 가운데 깊은 계곡 장박골을 중심으로 좌우가 대칭을 이뤄 절반 딱 갈라진 지형이다. 묘하게도 산줄기와 물줄기들이 반대 방향으로, 같은 수로 뻗어있다고 한다. 산의 양쪽 기슭에 대가람 승보사찰 송광사와 태고총림 선암사가 터를 잡았다. 이 두 사찰은 불교 종파에서 모두 선종으로 분류한다. 자세히 들여다보면 선종에서도 하나는 조계종, 다른 하나는 태고종으로 분파하였다. 부처의 가르침에서 처음 출발했어도 불교는 종파가 소승불교와 대승불교로 갈라졌고, 각각의 종파는 또 무슨 종, 저런 종이 생겼다. 다 이유가 있어서 갈라졌어도 근본이념은 하나 아니겠는가?

산세가 부드럽고 비교적 높지 않아 4시간 조금 넘게 등산을 마쳤다. 순천만 정원박람회 조성공사의 첫 삽을 뜨기 시작한 2011년에 홍보차 송광사 취재를 왔다가 처음 접한 조계산. 그때도 산 아래 굴목재보리밥집은 시간이 되지 않아서 맛을 보지 못했다가, 이번에는 비가 내려서 일찍 장사를 접었다. 굴뚝에서 뽀얀 연기만 모락모락 피어오르는 모습만 보고 나왔다. 등산보다 여행으로 선암굴목이재에서 송광굴목이재를 오가며 명물 보리밥집을 찾는 사람이 많다. 연간 수십만 명이 오가는 탐방객들이 가장 많이 찾는 주막 같은 음식점의 추억은 조계산의 낭만이다. 나른한 봄날 오후에는 배를 두드리고 평상에 누워 낮잠을 즐길 수도 있다. 서너 번 들러서 낯익은 조계산의 대가람 송광사까지 들렀다가 산 아래 주차장으로 터벅터벅 걸었다. 명산 조계산, 산은 산이고 물은 물이었더라.

정말 나답게 살기로 했다

이 산은 여기서 수백 킬로미터나 떨어진 저 산의 이름과 똑같다. 신기하다. 강원도 양구에 사는 철수와 똑같은 이름을 가진 아이가 제주도 서귀포에도 있다는 것과 다를 바 없을 정도로 신기하다. 심지어 이 산 저 산의 높고 낮은 봉우리 이름을 가만히 보면 같은 이름이 수두룩하다. 천왕봉, 비로봉, 중봉, 원효봉…. 명산 중에는 이름이 겹치는 산도 있다. 백운산이 세 곳, 지리산은 두 곳이다. 이 산이 저 산인가 싶은 팔봉산은 강원도 홍천에도 충남 서산에도 있어서 헷갈린다. 초행자가 실수로 내비게이션 목적지를 동명의 다른 산으로 입력하면 낭패를 볼 수 있다.

그런데 재미있는 것은 이름이 같다고 산의 모양, 높이, 산행 난도가 똑같지 않다는 것. 예를 들면 정선 백운산은 동강을 끼고 있는 난공불락의 요새와 같이 거칠고 험하다. 북한산 원효봉과 부산 금정산 원효봉의 느낌도 확실한 차이가 있어서 금정산의 것은 몹시 부드럽다. 무슨 이유가 있어서 예로부터 같은 이름을 지었을 텐데, 실제로 다녀온 산은 왜 그렇게 다를까?

우리 삶의 현실에서도 서로 같고 다른 것은 확연한 차이를 보인다. 똑같은 기업에 다녀도 어느 사업부는 성과도 높고 매출기여도가 탁월하다. 회사에서 비슷한 성과를 내는데도, 조직 구성원마다 업무 추진 방법은 천차만별이다. 그래서 어떤 사업부는 성과급을 더 많이 받는 일이 발생한다. 산도 삶도 마찬가지, 같은 이름이나 비슷한 삶이라도 오르고 내리고, 오늘과 미래의 삶이 서로 다르다. 다 같은 대한민국 국민이라고 해도 하는 일과 삶의 질은 큰 차이가 있다. 그 안에서 나답게 정말 나답게 사는 것을 찾아야 한다.

[광양 매화 축제, 장장 18km 백운산행]

3월이면 우리나라는 남쪽에서 산수유꽃과 매화꽃을 시작으로 꽃잔치가 시작된다. 아침이 조금 더디게 오는 3월 중순, 컴컴한 새벽에 듣도 보도 못한 광양 백운산 자락에 있는 진틀마을에서 등산을 시작했다. 명산 중에서도 꼭 지명을 함께 넣어야 할 백운산은 세 곳. 포천 백운산, 정선 백운산, 광양 백운산은 공교롭게도 한자까지 똑같다. 우리나라에 백운산이 자그마치 50여 개나 된다니 산 이름에 정확한 주소를 붙여 검색하지 않으면 엉뚱한 산을 오를 수도 있다.

그중에서 광양 백운산은 섬진강 매화마을 꽃구경까지 한꺼번에 할 수 있는 등산상품이 3월에 전국에서 불꽃처럼 일어난다. 섬진강매화축제가 열리는 광양 다압면 청매실농원까지 가는 여정은 만만치 않았다. 대략 18km의 긴 등산로는 진틀마을~병암계곡~진틀삼거리~백운산 상봉(1,222m)~매봉삼거리~매봉(867m)~갈미봉~쫓비산(537m)~청매실농원으로 이어진다. 등산 들머리와 날머리가 서로 달라서 매화꽃 피는 시절에는 안내산악회를 이용하는 것이 탁월한 선택이다. 수도권에서는 흔히 무박 2일 일정으로 출발하는 산악회가 버스가 금요일 밤에 출발한다.

새벽에 백운산 정상 상봉에 도착하면 섬진강 너머에 평온하고 길게 늘어진 지리산 능선에서 시작하는 일출을 구경하는 것은 이 산의 등산 매력이다. 장쾌한 붉은 띠는 노고단, 반야봉을 거쳐 천왕봉까지 하늘과 맞닿은 지리산 능선에 걸쳐 있다. 톡 튀어 오른 반야봉과 정상 천왕봉 사이에는 서로 키재기를 하듯이 울퉁불퉁 솟은 봉우리들의 실루엣이 감탄할 만한 경치였다.

섬진강의 푸른 강물을 더욱 선명하게 볼 수 있고 아래쪽 매화마을 속사정도 훨씬 더 또렷하게 보이는 쫓비산. 백운산 정상에서 부드러운 능선을 참 오랫동안 걷고 만나는 쫓비산은 봄기운을 한껏 머금은 섬진강과 산자락까지 활짝 피어 있는 매화꽃밭을 감상하면서 산행하는 재미가 인상적인 산이다.

광양 다압면 매화마을을 둘러싸고 있는 별난 이름의 쫓비산은 현지인조차도 그 뜻을 물어도 명확한 답을 아는 이가 없다. 모양이 뾰족하면 '쪼삣하다'는 사투리에서 유래했을까, 아니면 이 산에서 보는 섬진강 물빛이 '쪽빛'이라서 그런 이름을 붙였을까? 쫓비산에서 섬진강을 바라보다가 청매실농원으로 다시 걷기 시작하면 축제장의 흥겨운 음악 소리가 산언저리를 휘감고 올라온다. 형형색색 대형 버스는 전국 각지에서 매화꽃 구경을 온 관광객을 쉴 새 없이 내려놓는다.

섬진강 매화 축제 제철 여행이라는 목적으로 백운산 넘어 오랜 시간을 걸어온 보람은 확실하다. 청매실농원 매화밭 주요 사진 명소를 요리조리 돌아다니면서 마음에 드는 풍경을 촬영했다. 그리고 모든 등산 일정을 마치고 축제장 장터국밥을 안주 삼아 매실 막걸리까지 한잔 걸쳤다. 같은 이름의 산이라도 광양 백운산 등산의 멋은 확실히 달랐다.

[내려올 때가 더 살 떨리는 동강 백운산]

정선 백운산을 휘감아도는 동강

어쩌다가 등산로 곳곳에 잔설이 있어서 미끄러운 겨울철에 정선 백운산을 다녀왔다. 우리나라에서 가장 아름다운 강으로 손꼽히는 동강은 정선 백운산을 휘감고 돌아 남한강 상류로 흘러든다. 울창한 산림과 맑은 물, 기암괴석이 어우러진 자연경관을 따라 힘껏 노를 젓는 동강 래프팅의 짜릿한 모습이 인상적이다. 동강을 따라 6개의 봉우리에 등산로가 펼쳐진 백운산은 2002년에 산림청 명산에 이름을 올렸다. 해발 882.5m로 서울의 북한산 백운대 높이라서 만만하게 볼 수도 있다. 그런데 실상은 완전히 달랐다. 같은 이름의 광양 백운산과 포천 백운산은 이 산과 비교하면 양반이다.

정선 백운산의 가장 큰 특징은 동강의 중간지점에 있다는 점, 동강 쪽으로는 칼로 자른 듯한 급경사의 절벽으로 이루어졌다. 등산로 1코스는 점재마을에서 출발하고, 2코스는 영포분교 캠프장에서 출발하여 하늘벽 유리 다리와 칠족령을 지나 정상에 오르는 코스다. 3코스는 제장 마을에서 출발하여 칠족령을 지나 정상에 오르는 것이다. 가장 완만한 코스는 문희마을 백룡동굴 탐방센터에서 출발하여 백운산 정상까지 3.2km를 오르는 것이며, 이 코스는 동강할미꽃 군락지와 백룡동굴을 조망할 수 있다는 장점이 있다.

정선 백운산 등산은 지형상 들머리와 날머리에서 반드시 동강을 한 번은 건너야 한다. 정선군 신동읍 덕천리 제장마을로 내려오는 1코스 등산로는 동강 점재교를 건넌다. 점재마을에서 정상까지 빡세게 올라가다가 여러 차례 쉬어갈 수밖에 없어도 1시간 50분 정도면 넉넉하게 닿을 수 있다.

봄철에 동강 석회암 지대에 만개하는 대한민국 특산종 동강할미꽃을 구경하는 등산이나 가을철 단풍 시즌을 제철 산행으로 친다. 때아닌 겨울에 이 산을 등산하는 것은 보통 일이 아니었다. 영하의 겨울 날씨에도 등줄기에 땀이 흥건할 정도로 등산로는 힘들었다. 정상에서 어떤 등산객이 한마디 툭 던졌다.

"백운산은 한 번 오면 다시는 안 올 산이다."

정상에서 내려서면 매우 가파른 고난도 하산길이고 '추락주의' 안내판을 달아놨다. 거의 직각에 가까운 급경사에 동강 방향은 칼로 자른 듯한 아찔한 절벽이다. "내려갈 때는 목숨 조심해야 한다"며 등산가조차 간담 서늘한 이야기를 할 정도다. 칠족령까지 내려오던 길도 정상 근처보다는 덜 해도 급경사 등산로를 서너 번 오르내린다.

같은 이름의 백운산 중에서 정선 백운산의 멋은 동강 한반도 물돌이 경치와 소나무가 뿜어내는 솔향이다. 하지만 다른 두 개의 백운산보다 장쾌한 조망이 없다는 것은 아쉬운 부분이다. 그렇다! 이름이 같다고 똑같은 산이 아니었다. 같은 회사에서도 모두 똑같은 성과를 내지는 못한다. 같은 조직 안에서 구성원마다 일하는 방법이 같지 않았다는 증거다. 어설프게 나를 버리고 다른 사람에게 묻혀서 그저 그렇게 일했을까? 내 색깔도 내지 못하고 공짜로 성과를 나눠 먹은 것은 아닌가? 정말 나답게 사는 것이 진정한 '나'라는 것을 깨달았다. 누구의 말에 가볍게 흔들리거나, 그들이 정한 결정에 따라 함부로 따라가는 실수를 줄이는 것이 정말 나답게 사는 것임을.

 아무도 금메달을 주지 않았다

기록으로 경쟁하는 스포츠 경기나 각종 대회에는 성과에 따라 메달 또는 인센티브가 주어진다. 산림청 100대 명산 도전 성공. 아무도 내게 메달을 걸어주지는 않았다. 언젠가부터 지자체와 어느 등산용품 기업에서 후원하는 명산 도전 인증 확인서와 간단한 기념품을 주는 것이 유행하고 있다. 산림청이든 지자체든 명산으로 지정한 산을 모두 다니고 성공을 해도 어떤 메달을 목에 걸어주지는 않는다. 100대 명산, 영남알프스는 모두 본인이 좋아서 하는 도전이라서 성공하면 자신에게 스스로 보상할 수밖에 없다. 그 보상이라고 해야 뿌듯함, 자존감, 성취감 정도다.

우리는 살아가면서 소소한 노력에도 남이 칭찬해주고 알아주기를 바란다. 기대를 잔뜩 해놓고 반응이 적으면 섭섭해하고 화를 내며 다투기도 한다. 때로는 남의 시선을 의식하느라 할 일을 제대로 하지 못할 때도 있다. 사람에게 인정받으려는 태도로 인해 일마다 자주 마음이 흔들린다. 주위 사람들의 반응에 내 인생을 맡기지 않고 주관대로, 하늘의 뜻에 따라야 하는데도 현실은 그렇지 않다.

연말연시가 되면 해마다 들려오는 자선냄비 종소리, 그 안에는 이름 없는 사람들이 거액의 성금을 남기기도 한다. 언젠가 '아름다운 손'으로 불리는 한 시민이 거액의 돈을 주워 신고하여 주인에게 온전히 돌아간 뉴스도 있었다.

"황금 보기를 돌같이 하라"는 고려 충신 최영 장군의 말씀이 생각난다. 물질 앞에서 느끼는 유혹을 멀리하라는 말이다. 순간의 유혹을 뿌리치고 주인에게 주운 돈을 돌려준 행동, 거액을 기부하고도 끝내 이름 없는 사람으로 남은 이들은 진정 이 시대의 의인이다. 이들은 "그저 해야 할 일이고 당연한 일을 했을 따름입니다"라고 말한다.

사실 남의 시선을 드는 노고는 헛된 꿈만 키울 뿐이다. 진짜 노고는 남의 눈에 띄지 않는다. 당연히 해야 할 것을 했으면서도 생색내는 사람이나, 인정받고 칭찬받기를 원하는 이는 인생이 고되고 갈 길도 멀다. 나는 그러지 않았나? 뽐내려고 업무를 하면서 허투루 시간을 낭비하지는 않았는가? 가만히 돌이켜 보면 젊은 나이에 남의 시선을 의식하다가 정작 내 방식대로 일하지 못한 경험이 있었다. 당연히 해야 할 일을 했으면서 상사에게 인정받고 칭찬받는 걸 바라기도 했다. 이런 올바르지 않은 마음을 버리고, '누군가는 나를 알아주겠거니' 하는 마음이 사라질 때까지 오랜 기간이 필요했다.

"이왕 할 일 잘하자. 당연히 할 일이니까!"

그동안 내가 해낸 모든 일은 금메달도 1등 상도 필요하지 않았다.

정상에서 바라본 덕유산의 장관

덕유산 향적봉, 100대 명산 중에서 통영 미륵산과 함께 가장 쉽게 정상으로 갈 수 있다. 그 이유는 1990년 12월에 개장한 무주리조트 설천봉 곤돌라 코스 때문이다. 예전 구천동 백련사 코스의 독보적 인기는 곤돌라 코스에 빼앗겼다. 해발 1,520m인 설천봉 정상까지 운행하는 곤돌라를 이용하면 향적봉까지 약 600m는 동네 산 오르듯 20여 분이면 갈 수 있다. 곤돌라 코스 덕분에 향적봉 정상은 사계절 사람들로 득시글거린다.

1995년에 처음 덕유산 등산을 했고 구천동 계곡에서 백련사를 거쳐 향적봉까지 가서 되돌아왔다. 그 뒤로 여러 차례 이 산에 다녔고 무주리조트에 가족 여행도 다녀왔다. 오랜만에 옛 생각도 나서 삼공매표소 주차장에서 출발하여 백련사를 지나 향적봉으로 올라가는 코스를 왕복했다. 이 코스가 달라진 것은 백련사길 차도와 분리하여 계곡을 따라 낸 구천동어사길이다. 덕유산국립공원 탐방안내소를 지나면서 시작하는 구천동어사길은 구천동 33경 중 제6경 인월담에서 제25경 안심대의 비경을 즐길 수 있는 코스로 소설 《박문수전》에서 어사 박문수가 무주 구천동을 찾아 어려운 민심을 헤아렸다는 설화가 전해온다. 정확한 역사 기록은 없어도 어사 박문수는 맑은 구천동 계곡에서 청렴의 의지를 생각했겠다.

어사길 명소는 향적봉에서 되돌아올 때 보기로 하고 서둘러 백련사에서 정상으로 치고 올라갔다. 덕유산은 내가 몇십 년 동안 꾸준하게 다닌 명산 중의 한 곳, 등산으로는 구천동 백련사 코스를 가장 많이 이용했고, 가족 여행 때는 단연코 무주리조트 곤돌라 코스다. 4월의 향적봉 정상은 주말임에도 여유롭다. 중봉으로 이어지는 설경도 능선 가득한 야생화도 없는 어정쩡한 계절인 이유다. 이때는 산불방지기간으로 중봉을 넘어서 남덕유산으로 가거나 향적봉으로 오는 긴 능선이 막혔기 때문이기도 하다. 덕유산은 덕이 많아 어머니의 품처럼 너그러운 산으로 불린다. 대표적인 흙산으로 둥글둥글한 산세가 그 이름을 설명한다. 덕유산은 우리나라 눈꽃 여행지로 대표되는 명산으로 역사와 절경을 동시에 자랑하고 있다. 정상에서 사진만 몇 장 촬영하고 백련사로 내려섰다.

인기 등산로인데도 내려오는 길에서 등산로 보수 작업을 하던 국립공원 직원, 부부 등산객 딱 두 명과 마주쳤을 만큼 한산했다. 백련사에 잠시 들러서 시원한 약수 한 바가지를 마시고 빈 물통도 가득 채워서 나왔다. 계곡에 놓인 다리를 건너면서 어사길 팻말도 자연스럽게 눈에 들어온다. 군데군데 진달래꽃이며 생강나무꽃도 보인다. 구천동 어사길은 입구부터 4개 구간으로 나눈다. 숲나들길, 청렴길, 치유길, 하늘길이다.

숲나들길은 봄소식을 가장 먼저 느낄 수 있는 구간이다. 숲에서 불어오는 바람, 맑은 물이 흐르는 계곡을 따라 걷다 보면 나들이하는 즐거움을 느낄 수 있다. 3월부터 8월까지 복수초, 꿩의바람꽃, 얼레지, 너도바람꽃, 철쭉, 동의나물, 산수국, 투구꽃 등 야생화가 수북하다. 아이들과 함께하는 덕유산 숲속 놀이터와 금강모치 생태놀이터도 활력이 넘친다. 국립공원공단 예약 통합시스템을 통해 예약하면 해설사의 유쾌한 해설과 함께 자연을 이해하고 특별한 놀이를 즐길 수 있다.

두 번째 구간인 청렴길은 억울한 백성들의 고통을 살피고 부패한 자들의 수탈과 횡포를 판결한 어사 박문수가 다녀갔던 길에서 유래되었다. 시원한 물소리와 함께 자연이 들려주는 바람소리를 들으며 걸을 수 있고, 인월담, 사자담, 청류동, 비파담, 다연대, 구월담을 만나볼 수 있다. 특히 구천동 19경 비파담의 너른 암반 위로 흐르던 물줄기가 여러 개의 폭포를 이루며 떨어져 고인 물웅덩이는 악기 비파 모양이다. 칠선녀가 이곳에 내려와 비파를 뜯었다나 어쨌다나 전설이 있다.

어사길 3구간은 치유길로 구월담에서 시작한다. 울창한 나무 사이로 쏟아지는 햇살을 느끼고 청량한 계곡의 소리가 들려온다. 봄에는 새로운 생명의 기운을, 여름에는 우거진 녹음의 시원함을, 가을에는 단풍을, 겨울에는 하얀 눈이 소복하게 쌓여 계곡을 포근하게 감싸는 곳이다. 이 구간에서 구월담, 금포탄, 호탄암, 청류계, 안심대를 만나볼 수 있다.

하늘길은 어사길의 마지막인 구간이다. 조선시대 생육신 김시습이 관군의 추적을 피해 각지를 떠돌다 잠시 발을 멈추어 안심하고 쉬었다 하여 붙여진 안심대에서 백련사까지 이어진다. 향적봉에 오르기 전 가파른 오르막을 앞두고 숨을 가다듬는 곳으로 안심대, 신양담, 명경담, 구천폭포, 백련담, 연화폭, 이속대가 촘촘하게 이어진다. 이 구간의 압도적 명소는 제27경 명경담이다. 물이 맑아 거울처럼 비친다는 의미로 붙여진 이름이며, 백련사로 가기 전 맑은 물에 자신을 비추며 속세에 티끌을 씻어 마음을 가다듬는 곳이다.

이렇게 걷다 보면 덕유산 하늘이 드러나는 백련사에 도착한다. 절을 살짝 비켜난 등산로, 삼성각부터 정상으로 곧장 올라가는 길은 거침없는 오르막의 시작이다. 금강계단 근처에서 잠깐 평지를 걷다가 단 한 발짝도 평평한 길을 밟을 수가 없다.

나를 알아주지 않아도 좋다

세상에는 주인공이 아닌 상태로 빛나는 조연을 담당하는 존재가 있게 마련이다. 조연이 있어야 주인공의 가치가 빛난다. 그런 이유로 유명 영화제에서 여우조연상, 남우조연상의 의미를 높게 평가하기도 한다. 사람이나 산도 마찬가지! 큰 산맥에서 삐져나와 이름 하나를 당당히 달고 있어도 워낙 인기 높은 주산에 가려서 지명도가 밀리는 산과 봉우리는 수두룩하다. 성웅 이순신 장군, 절체절명의 순간에서 나라를 구한 그에게도 이름 석 자 제대로 알려지지 않은 수많은 부하 장졸들이 있었다.

우리는 삶을 어떻게 살고 있는가? 오로지 내 이름 석 자를 알리려고만 열을 올리려는 건 아닌가? 가정에서, 사회에서 내가 온전하게 자리를 잡은 건 혼자만의 노력으로 이루어진 것은 아니다. 아내라는 큰 존재, 회사 동료와 선후배들 덕분에 인정받는 가장으로, 존경받는 팀장이 될 수 있었다. 우리는 처음부터 화려한 주연으로 인생을 시작하지는 않았다. 나를 알아주지 않았어도 맡은 일을 착실하게 하는 동안, 우리도 한때는 조연이었다. 비슷한 처지의 조연들과 함께하다가 우리가 모르는 사이에 직장에서 주연의 자리에 오르게 된다.

회사에서는 비슷한 능력으로 입사를 했어도 인사고과에 따라 서서히 주연과 조연이 갈린다. 대리 승진에서 밀려 회사를 떠나는 동기가 있었고, 후배보다 과장 승진이 늦어져 회사를 그만두는 이도 많았다. 나도 대리 승진에서 한 해 밀렸다. 인정받던 승진 1순위였는데 모두 이해가 가지 않는다고 나를 위로했다. 그때 회사를 그만두었다면 나에게 과장, 팀장의 높은 단계는 없었다. 뭔가 이유가 있고, 내가 부족하여 1년 더 조연의 자리에서 노력하라는 뜻으로 받아들였더니 그 1년은 참 빠르게 지나갔다. 그리고 그해 12월에 승진자 명단에 이름을 올렸다.

[적상산은 덕유산의 버금자리]

해발 1,000미터 적상산성 안에 있는 안국사

진주에 내려가던 어느 해 가을 날씨 좋은 날 늦은 오후, 대전 통영간고속도로 금산휴게소에서 잠시 머물다가 다시 차를 몰았다. 곧 눈에 들어온 도로표지판에 무주IC가 큰 글씨로 적혀 있다. 운전석 왼쪽으로 병풍을 친 듯이 단풍색 요란한 산이 계속 차를 따라온다. 무주리조트에 자주 다닌 사람이라면 금방 아는 적상산인데도 보통은 그냥 고속도로변에 있는 흔한 산으로 여긴다. 산 이름 적상산을 말하면 그제야 《조선왕조실록》을 보관하던 적상산 사고(史庫)를 떠올리는데, 그나마 역사 시간에 귀담아 잘 들은 사람들이나 알 수 있다. 같은 덕유산국립공원 구역에 있는 산인데도 이름이 친밀하지 않은 이유는 덕유산의 존재감에 밀리기 때문이다. 사실 나도 이 산에 대한 존재감은 무주리조트가 있는 덕유산보다 덜 느꼈다.

무주 머루와인동굴을 다녀온 뒤에 적상산의 존재를 서서히 알게 되었다. 그 뒤에 한참 세월이 흘러 2018년도 봄이 오던 무렵에 드디어 이 산에 처음 올랐다. 적상산은 덕유산에 버금가지만 2등의 설움을 톡톡히 겪어온 셈이다. 2등은 1등과 백지 한 장 차이지만, 존재 가치에서 부당한 홀대를 받은 경우가 많다. 비슷한 역사를 가졌어도 국보와 보물, 지방문화재는 인지도에서 차이를 보인다.

사회생활에서도 마찬가지로 1등에 가려져 돋보이지는 못하면서 2등의 자리를 유지하기 위한 부담과 노력은 1등 못지않다. 그래서 굉장히 어렵고 허탈감과 패배감마저 드는 위치이다. 인류 역사를 보면 화려한 제1인자 뒤에 돋보이던 제2인자가 있는데, 이들도 기억해 주는 사람이 있었기에 그나마 역사에 기록이라도 됐다. 그런데도 2등이라는 이유로 아무도 알아주지 않아 역사에 쓰이지도 못하는 비운의 인물이 상당히 많다.

적상산 처녀 등산을 머루와인동굴 반대편에서 올라가는 서창 공원지킴터에서 시작했다. 등산로 입구의 산비탈에 터를 잡은 작은 마을은 한가롭고 적막했다. 봄이 시작되기도 전의 3월이라서 풀포기 하나 없던 산비탈의 밭과 숲은 퀭한 느낌마저 들었다. 이 산촌마을은 무엇으로 살았을까? 그나마 관광 자원이 비교적 풍부한 덕유산 구천동에 형성된 마을과 많은 차이를 보인다. 겨우내 얼었던 계곡이 녹아서 물이 장맛비 뒤에 콸콸 흐르듯이 소리가 요란했다. 눈앞에는 거대한 바위 커튼을 두른 듯한 적상산이 앞을 가로막고 있다.

숲에서 길게 이어진 파이프를 발견했는데 그것은 고로쇠나무 수액이 마을로 내려가는 관로다. 서창마을 주민의 짭짤한 봄철 소득원이라고 한다. 고로쇠 수액이라? 그러면 단풍나무가 이 산에 많다는 뜻이다. 같은 단풍나무 속이기에 얼핏 보면 단풍나무로 착각하기 쉬운 나무이다. 하지만 잎에서 차이가 나는데 일반 단풍잎보다 굴곡 사이사이가 얕고 톱니가 없다. 가을엔 잎에 노랗게 물이 든다. 줄기에 상처를 내면 진액이 나오는데 이것이 흔히 말하는 고로쇠 수액이다.

적상산이라는 이름은 참 별난데, 붉은 치마를 암반 절벽에 두른 듯해 이름이 붙은 산이다. 그래서 가을이면 산이 모두 붉은 색으로 변하는 장관을 연출하는 걸까. 덕유산과 진주·통영을 오가던 10월에 고속도로에서 실제로 그런 풍경을 여러 차례 본 적 있다. 그런데도 적상산은 덕유산의 고장 무주에서는 늘 2등 자리를 지키고 있고, 등산객이 많은 편도 아니다.

그러나 나는 적상산에서 2인자의 빛나는 가치를 알게 되었다. 이 산의 업적과 가치는 주산인 덕유산보다 더 역사적으로 빛난다. 덕유산하면 자연경관을 배경으로 하는 구천동 33경과 칠연 계곡, 등산가들의 로망인 육구종주 능선에 놓인 남덕유산과 중봉이 먼저 떠오른다. 등산과 여행을 키워드로 하면 적상산은 덕유산에 비하여 영원한 2등일 뿐이다. 적상산이 비록 덕유산 향적봉에서 뻗었지만 빛나는 가치는 따로 있다.

덕유산 전체의 명성을 뒷받침하는 2등 자리에 있어도 우리나라의 역사 유적은 훨씬 더 많다. 그렇다고 산세가 뒤떨어지는 것도 아니라, 해발 1,034m의 기봉이 좌우로 능선을 거느리고 있으면서 천일폭포, 송대폭포, 장도바위, 장군바위, 안렴대 등의 자연명소를 간직하고 있다. 무엇보다 빛나는 역사적 가치는 《조선왕조실록》을 보관하던 5대 사고의 하나인 적상산 사고를 품고 있다는 점이다. 고려 최영 장군과 관련이 있는 고색창연한 적상산성과 호국사찰인 안국사를 통해 적상산의 존재감을 헤아리기 충분하다.

적상산 사고까지 갔다가 올라오면서 안렴대에서 바라본 덕유산 향적봉 먼 풍경은 정상에 눈이 녹지 않아서 반짝거리고 있었다. 적상산의 정상 남쪽 층암절벽의 안렴대는 사방이 천 길 낭떠러지로 이곳에 서면 마음이 아슬아슬하다. 고려 충신 최영 장군과 임난수 장군이 제주도와 남해에 출몰한 왜구를 치고 오다가, 길을 막은 바위를 칼로 쳐서 두 동강 낸 전설이 있는 장도바위 기세는 압도적이다. 영원한 2등으로 여겼던 적상산, 산속의 사정을 제대로 이해하고 나니 주연으로 늘 1등인 덕유산 이상의 빛나는 가치가 있음을 알았다. 세상에는 빛나는 조연, 우수한 2등도 있어야 1등이 존재한다는 것도.

 큰 산을 옮길 수는 없다

어머니는 학교에 다니지 않았다. 아니, 다닐 수 없었다고 한다. 오빠인 외삼촌들과 한참 동생인 이모는 학교를 마쳤다.

"여자애가 학교는 무슨 학교?"

1950년대에 어린 시절을 보내고 나이 열아홉에 일찍 아버지와 결혼했다. 그 뒤로도 큰며느리로 집안을 꾸리고 살림하면서 공부라는 건 생각지도 못했다. 그러면서도 시동생들의 학교 뒷바라지를 했고, 네 자식을 훌륭하게 키웠다.

1980년대 초, 내가 고등학생이었을 때 주말에 집에 갔다가 비뚤게 쓴 어머니 당신 이름과 큰아들 내 이름을 해맑은 웃음 지으며 보여주시던 모습을 잊을 수가 없다. 어떤 계기가 있어서 짬짬이 아버지에게 글을 배웠다고 했다. 디지털 문명 시대가 된 오늘날은 어머니의 스마트폰에 자식들의 이름과 전화번호가 저장되어 있다. 전화를 받으면 스마트폰 화면에 뜨는 이름을 알아보고 "아! 큰아들!"하면서 반겨주셨다. 어려운 말이 있는 문자 메시지는 아버지가 대신 읽어드리기도 한다.

우리나라 부모의 자식에 대한 교육열은 세계에서 으뜸이라고 한다. 좁은 땅덩이에서 믿을 것은 학벌, 좋은 교육을 받아야만 성공할 수 있는 사회적 배경에서 비롯되었다고 보는 시각이 일반적이다. 이 교육열은 오늘날 대한민국의 성장을 이끌었다는 긍정적인 면과, 사교육비의 증가로 인한 경제적 부담과 지나친 학력 경쟁이라는 부정적인 면도 무시할 수 없다. 우리나라에서 이름난 사람들 뒤에는 지극정성과 보살핌을 한 부모님이 있다. 탁구 천재 삐약이 신유빈 선수를 키워낸 부모님의 헌신적인 노력에서도, 피겨 여왕 김연아 선수를 키워낸 어머니의 모습에서도 아낌없는 보살핌을 볼 수 있다. 단순히 탁구장을 운영하면서 아이의 놀이터로, 피겨장을 데리고 다니면서 취미로 운동을 했다면 이 꼬맹이들은 어떻게 되었을까? 그 부모님의 공통점은 자식들의 자질을 일찌감치 발견하고 키우기 위해 그에 알맞은 교육환경을 찾아 아낌없이 생활 환경에 변화를 주었다는 것이다. 현대판 맹모들이다.

산도 어머니의 산, 어머니 같은 산으로 불리는 산들이 있다. 대표적으로는 지리산이다. 우리에게 어머니는 어떤 존재인가? 어머니 세 글자는 우리 마음속에 어떻게 각인되어 있나? 한결같은 부드러움과 아낌없는 애정의 대명사는 어머니, 마음속의 영원한 큰 산이다.

[모악산, 어머니의 그림자를 찾아서]

전망대에서 바라본 모악산의 위용

넓은 들판의 김제평야 일대를 지나와서 모악산 입구 김제 금산사에 차를 댔다. 산림청 100대 명산 도전 중에서 99번째 명산이자 울릉도 성인봉을 남겨둔 상태에서 육지에서는 마지막 산이었다. 신록의 시절이 조금 지나간 5월 중순이어서 금산사 주변의 숲은 연두색에서 막 초록색으로 색 바꿈을 시작했고, 남쪽 지방이라서 서울보다는 살짝 덥다는 생각이 들었다. 바람이 살랑살랑 불기는 했어도 등산로에서 제법 찝찔한 땀 냄새를 맡으면서 걸었다.

김제 모악산은 해발 793m의 산, 예로부터 '호남의 어머니 산'이라 불려왔다. 산 정상의 큰 바위가 마치 아기를 품에 안은 어머니의 모습과 닮았다 하여 '모악(母岳)'이라는 이름이 붙었다는 이야기가 전해진다. 산세나 능선도 날카롭지 않아서 비교적 순하다. 정상에 오르면 송신탑이 눈에 거슬려도 전주 시내는 물론 내장산과 변산반도, 김제와 만경 평야까지 탁 트인 조망이 펼쳐진다.

모악산 등산코스는 여러 갈래로 나뉘지만, 나는 가장 대표적인 금산사 코스에서 정상에 오른 뒤에 처음 출발한 곳으로 돌아왔다. 교과서에 나오는 금산사 문화유산 탐방과 산행을 함께 즐길 수 있어서 인기 높은 코스이다. 모악산은 화려함보다 부드럽고 넉넉함이 먼저 느껴지는 산이다. 마치 어머니처럼 자식을 감싼 듯 호남평야를 품에 안고 산에 오는 사람들을 맞이하고 있다. 어머니의 산을 대표하는 지리산, 왜 그렇게 불릴까? 하고 많은 산 중에 왜 지리산이 어머니 같은 산일까?

내 생각에 지리산을 어머니에게 비유하는 이유는 두 가지다. 첫째는 어머니의 젖줄처럼 수많은 계곡에서 마르지 않는 맑은 샘이 솟구치고 있다는 것, 둘째는 자식을 치우침이 없도록 때로는 강하게 때로는 부드럽게 길들이는 등산로 때문이다. 지리산을 한 번이라도 등산하였거나, 종주 등산을 한 사람이라면 '어머니의 마음처럼 포근하다' 는 생각을 쉽게 하지는 못한다. 지리산의 수많은 봉우리 중에서 어느 하나 쉽고 부드러운 것은 없다. 오롯이 너른 김제평야를 품고 있는 모악산은 진짜 어머니처럼 부드럽다.

금산사에서 출발하는 계곡은 하나에 불과해도 마르지 않을 맑은 물을 아낌없이 내주고 있다. 날이 더워서 힘들면 그늘을 씌어 주시던 어머니처럼 짙고 시원한 숲도 일품이다. 모악정 정자부터 시작되는 오르막 등산로, 인생을 살면서 어려울 때도 있을 것이니 노력을 다하라는 훈육의 어머니 길이다. 그래도 어렵고 힘이 들면 올라온 길을 되돌아보고, 올라갈 길을 대비하면서 휴식을 할 오르막 쉼터도 곳곳에 있다.

"이래서 모악산이 호남의 어머니 산으로 부르는구나."

이 산은 가혹하다는 생각이 들 정도의 어려움이 없다. 그렇다고 마음이 느슨해질 만큼 날로 먹을 쉬운 산도 아니다. 어느 한쪽으로 치우침이 없이 때로는 부드럽게, 때로는 강하게 적당히 균형이 잡혔다. 마치 자식이 균형 잡힌 인생을 살라는 어머니의 바람이 깃든 산이다.

모악산 정상에 올라왔다. 사방팔방으로 펼쳐진 탁 트인 풍경을 즐기면서 넉넉한 어머니의 모습을 생각해본다. 어머니는 세상에서 가장 높고 거대한 산이다. 자식들이 자라서 사회로 나갈 때는 징검다리가 되고, 힘든 과정을 헤쳐갈 용기와 지혜를 주셨다. 어머니는 누구에게나 헌신적인 존재이자 사랑, 희생, 따뜻함을 조건 없는 주는 존재이다. 어머니는 집안에서 가족의 중심이자 정서적 구심점이다. 그런데도 '이름 없이 사는 존재'로 살지는 않았던가? 결혼하고는 아버지의 아내로, 자식을 낳으면서 누구의 어머니로 평생을 사신다.

내 어머니도 그렇게 평생을 옮길 수 없는 큰 산으로 사셨다. 비록 글은 잘 몰랐어도 누구보다도 세상은 잘 알고 계셨다. 자식들을 훌륭하게 키우려고 좋은 환경으로 옮겨 가지도 않으셨다. 어머니 곁이 이미 좋은 환경이어서 굳이 맹모삼천지교를 부러워할 이유가 없었다.

"형님, 엄마가 돌아가셨어요."

평범한 12월 초 금요일 오후에 동생에게 비보를 듣고 몹시 당혹스러웠다. 지병이 생겨서 서울아산병원에 오가기는 했어도 돌아가시는 날 아침에도 생생하셨다. 전공의 파업 때도 힘든 고비를 잘 넘겨서 큰 걱정을 덜었는데, 하루아침에 갑자기 세상을 떠나셨다. 우연의 일치인가, 모악산 어머니의 마음을 되돌아보는 이 글을 쓰고 있을 때다.

새로 생긴 어머니 봉분을 하염없이 바라보다가 산에서 내려왔고, 주말 3일이 지나고 나는 월요일에 일상으로 돌아왔다. 그 뒤로 세상에 남아 있던 어머니의 흔적이 하나씩 지워질 때마다 가슴이 저몄다. 가족관계증명서에는 '사망'이라는 글자가 선명하게 찍혔다. 매일 이야기를 주고받던 스마트폰 해약, 은행과 보험사에서도 어머니 이름은 지워졌다. 마치 큰 산이 갑자기 사라진 듯, 마르지 않던 계곡의 물길이 끊어진 듯한 기분이다. 정작 당신의 이름으로 살지 못하고 '누구의 어머니'로 살다가 간 나의 큰 산이었다. 어머니라는 그 큰 산을 이제는 내 마음속으로 옮기려고 한다.

누가 더 잘 나고 누가 더 못나지 않았다

세월이 흐르고 또 흘러 50대 중반을 넘어서면서 나만의 소신과 신념이 가슴과 머리를 지배하기 시작했다. 흔히 성격이 변하고 판단이 자기중심적으로 된 것이다. 가슴과 머리, 이 둘은 인간 능력의 핵심이다. 둘 중 하나가 없거나 어느 한쪽으로 쏠리면 행복은 반으로 줄어든다. 지성만으로 모든 일이 해결되지 않으니 아니므로 마음이 필요하다.

어리석은 자의 불행은 자신의 지위와 직무·재산·인간관계에서 자신의 고집을 늘리는 데서 시작된다. 중요한 일을 결정할 때 남의 의견에 휘둘리기보다 내 기준 안에서 스스로 판단하면 속 편하고 빠르다.

하지만 인생에서 그렇지 않을 때가 많다. '인생은 대본 없는 여행'이라고 했다. 인생이 미리 정해진 시나리오나 연습 없이 매 순간 새롭게 펼쳐지는 실전임을 의미한다. 인생에는 연습이 없으며, 한 번 살아본 뒤 다시 살 수도 없다. 매일 닥치는 작은 결정들이 모여 전체 모습이 완성된다. 인생은 연습 없이, 대본 없이 자신만의 길을 만들어가는 아주 긴 여정인 셈이다. 비록 자기중심적으로 변했어도 처음 가는 명산과 여행지는 이미 다녀온 사람들의 이야기를 꼼꼼하게 듣고 일정을 정하는

데 참고한다. 섣부르게 내 판단으로만 떠났다가 쓸데없는 시간 낭비, 돈 낭비는 물론 가장 중요한 안전을 보장받을 수 없기 때문이다.

산에서 구조 헬기가 날아다니고, 여행지에서 구급차가 오가는 광경을 심심찮게 본다. 뉴스에서 등산객의 갑작스러운 심정지 상태, 행방이 묘연하다는 실종 소식을 들으면 가슴이 철렁한다. 인생도 등산이나 여행 정보와 마찬가지로 처음에는 모든 사람에게 공평하게 제공된다. 다만 세월이 흐를수록 개인차가 분명하게 드러나서 인생은 각자 큰 차이가 나타난다.

"돌다리도 두들겨 보고 건너라."

인생에서 처음 가는 길이라면 경험자의 이야기를 최대한 참고할 필요가 있다. "나이가 들면 고집도 는다"는데, 가슴과 머리가 따로 노는 일이 없도록 현명한 판단은 꼭 필요하다.

[산에서 길을 잃다]

어느 해 겨울, 설날이다. 고향에 내려온 김에 도시의 일상에서 지친 심신을 어루만져 보고 싶은 마음에 짐을 간단하게 챙겨서 집을 나섰다. 고향 집에서 속리산 천왕봉 등산로 입구의 장각폭포까지는 자동차로 20분 정도 걸리는 가까운 거리에 있다. 화북

178

면 상오리 맥문동 솔숲에 주차하고 눈길을 걸어서 천왕봉 방향
의 마을 안쪽으로 들어갔다. 설날 앞이라서 등산을 온 사람도
올 사람도 없는 곳이라서 세상없이 조용했다.

　잔설이 남은 좁은 마을 길을 걷다가 갑자기 작은 골짜기로 들
어섰다.

　"이쪽에서도 천왕봉 근처 능선으로 갈 수 있겠어!"

　대충 짐작으로 선택한 이 등산로가 결국은 능선에서 길을 잃
고 천왕봉 근처에도 가지 못하고 하산하는 결과를 낳았다. 무릎
까지 쌓인 눈을 헤치고 내려오던 침침한 계곡에서 조난 걱정이
들기도 했다. 계곡 끝에서 나타난 산골 민가 덕분에 한숨을 돌
렸고, 더 내려와서 속리산국립공원 화북분소 대형버스 주차장
과 만났다.

장대한 속리산의 겨울

집에 와서 가만히 보니 입고 간 덕다운 재킷에서 털이 삐져나와 거실에 날렸다. 계곡을 어렵게 탈출할 때 나뭇가지와 덤불 가시에 찢겨 옷이 누더기가 되었기 때문이다. 고집은 정확한 지식과 정보가 없는 불완전한 상태에서 시작되어 자신의 의견이나 주장을 지키기 위해 타인을 배척하거나 무시하는 것이다. 결국은 판단이 자기중심적으로 변하기 때문에 타인과 갈등은 불 보듯 뻔하고, 바른 논리로 설득해도 끝까지 믿으려 하지 않는다.

나는 인생을 살면서 어땠을까? 지성만으로 모든 것을 해결하려고 인간관계에서 나만의 고집을 늘리는 데 세월을 보내지는 않았을까? 중요한 일을 결정할 때 남의 의견을 듣기보다 먼저 결론을 정해놓으면 타인이 따라오기를 강요하지 않았나? 사람들을 비교해서 누가 더 잘났다거나 누가 더 못났다고 평가하는 것은 사실 인간이 지닌 나쁜 본성 가운데 하나다. 사람마다 타고난 개성이 다른데도 우리는 외모, 실력, 집안, 학력, 직업 등을 가지고 남과 나를, 타인과 타인을 끊임없이 비교하지 않는가. 게다가 인정 욕구가 특별히 강한 사람일 경우 그 증세는 더욱 심각하다. 나와 남을 비교해서 자신이 더 낫다는 평가를 꼭 들어야 직성이 풀린다. 분명 고집이라는 못된 습관이 낳는 사회적 피해다.

그래서 고집은 본인에게도 큰 손해를 입힌다. 고집과 신념은 서로 비슷해도 미묘한 차이가 있다. 고집은 자신의 의견과 행동 방침을 끝까지 바꾸지 않는 것이고, 신념은 원칙에 대한 깊은 이해와 믿음을 본질로 한다. 고집은 부정적인 측면이 강하고 신념은 긍정적인 측면으로 받아들여진다. 고집이 늘어가는 나이가 되면 평소에도 고집과 신념의 차이를 인식하고 구별해야 한다. 아마 고집과 신념의 핵심적 차이는 새로운 정보에 대한 포용과 적응력에 있지는 않을까?

"요즘 아파트 이름을 긴 영어로 쓰는 이유가 부모님이 찾아오기 어렵게 하려고 그런 거래!"

아파트 이름뿐만 아니라 젊은 자녀들의 도움 없이 자유롭게 즐길 수 있는 신문물 때문에 시니어들의 고생이 이만저만 아닌 세상이 되었다. 나도 한때는 모든 걸 잘하는 신세대였다. 그런데도 자고 나면 급변하는 세상의 신문화를 정확히 받아들이고 사용하지 못하는 바람에 시니어 소리를 듣는다. 내가 신념이라고 철석같이 믿었던 것도 이제는 고집이 되었다.

"나이가 들면 고집도 는다."

나이든 시니어들은 전부 고집쟁이일까? 자신의 의사와 관계없이 하루가 달라지는 신문물 때문에 생긴 세대 단절은 아닐까?

지금도 행정복지센터, 문화교실에서 시니어들을 대상으로 다양한 교육이 이루어지고 있다. 시니어가 되었어도 변화에 대한 적응 노력을 해야 시대를 따라갈 수 있다. 노력하지 않으면 젊은 세대들에게 떠넘기는 부담은 커질 수밖에 없다. 나이가 들수록 점점 시야가 좁아지는 것을 인정하고 신념처럼 간직하고 있는 고집을 줄여야 한다. 100세 철학자 김형석의 저서와 강의는 특히 시니어들에게 큰 교훈을 준다. 건강, 정신과 지식, 변화와 수용이 그런 것이다. 그의 저서 《백 년을 살아보니》는 세대를 아우르는 베스트셀러가 됐다.

자주 다녀서 익숙한 고향의 산 속리산에서 길을 잃었다. 계획에 없던 내 판단만으로 등산로를 선택한 참담한 결과였다. 등산로 표시도 안전시설도 없던 길을 계속해서 걸었다면 어떻게 되었을까? 그 과정에서 닥칠 위험은 예측 불가였다. 인생은 미리 정해진 시나리오나 연습 없이 매 순간 새롭게 펼쳐지는 실전이라고 했다. 매일 닥치는 새로운 일을 하면서 결정을 할 때 고집과 잘못된 판단을 최대한 버리려고 노력했고, 지금도 그런 자세는 변함없다. 어느 한순간에 인생에서 길을 잃는 낙오자가 되기보다 늦어도 좋으니 제대로 가기 위함이다.

진짜 명산은 여기

 **명산에 대한 정의를 바꾸기로 했다**

"마음의 여유를 찾으려면 여행을 떠나라."

어디를 가고 싶어도 일상에 찌들어 주말이 되면 그냥 집에서 푹 쉬고 싶은 마음은 누구나 마찬가지다. 시간이 없어서 마음의 여유를 갖지 못하는 이유다. 더구나 가고 싶은 데가 멀면 더 쉽게 포기하게 되고, 그러다가 세월만 흐른다.

사실 여행이든 산행이든 먼저 시간의 여유가 있어야 잘 다닐 수 있다. 시간 여유가 없을 때는 꼭 명산이 아니더라도 가까운 동네 산이라도 자주 다니면 마음의 여유가 찾아온다. 명산은 꼭 높은 산은 아니다. 오르지도 못할, 가지도 못할 산을 그리워만 한다면 산은 점점 더 높고 멀어 보인다. 정상에 꼭 오르지 않더라도 그 산의 둘레길이나 언저리에서 휴식할 곳이 있다면 그곳이 곧 내 마음의 명산이 된다. 나는 그동안 시간에 쫓기고 일에 치이면서도 꾸준하게 산행을 했다. 그러나 매번 충분한 여유나 즐거움을 얻는 것도 아니었다. 내가 사는 곳에서 너무 멀리 다닌 이유도 있었다. 우리나라 명산 100개 이상을 다니면서 명산의 정의에 대하여 생각을 바꾸기로 했다. 높은 산, 멀리 있는 산이 꼭 명산일 이유는 없다. 산림청 선정 명산은 편의상의 분류일 뿐이다. '자주 다니는 산'이 명산이다. 명산에 대한 정의를 조금 바꾸자 마음이 훨씬 더 여유로워졌다.

북한산이 잘 보이는 동네 산, 도심 속 남산과 인왕산에서 큰 힘 들이지 않고도 마음의 여유를 찾는다. 그동안 멀리 있는 산에 미쳐서 전철만 타면 갈 만큼 가까이 있는 도봉산, 관악산, 수락산, 청계산을 소홀히 여겼다. 정상 정복만이 명산 등산 인증의 필수조건은 아니다. 그 산에 있는 계곡 명소, 산천초목 우거진 둘레길, 정상이 보이는 낮은 봉우리만 다녀와도 충분히 명산 인증의 조건은 되지 않을까. 마음의 여유를 찾고 싶다면 가까운 산이라도 자주 다니는 것이 필요하다.

[등선폭포, 우리나라 협곡이라고?]

슬로베니아 북서부 빈트가르 협곡, 미국 오레곤주 오레온타

고르게 협곡 사진에 반했다. 언젠가는 꼭 가보고 싶은 환상적인 협곡이다. 그런 명산 협곡이 우리나라에도 있다. 그것도 서울에서 기차만 타면 시골 풍경을 마음껏 즐기면서 다녀올 수 있는 춘천 강촌에 있다.

삼악산의 협곡

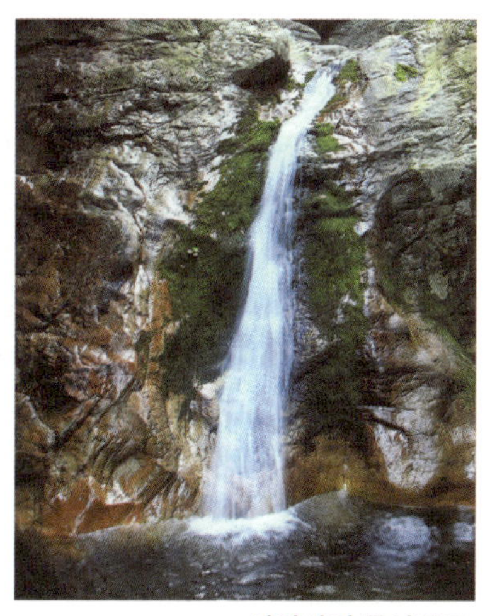

삼악산의 등선폭포

춘천 강촌은 회사 생활을 막 시작했던 1990년대 초부터 야유회와 주말여행 성지였다. 북한강 맞은편에 명산 목록에 있을 것으로 생각지도 못한 삼악산이 있다. 계절은 초여름에서 여름으로 옮아가던 6월 마지막 주 토요일, 이른 아침에 서울 상봉역에서 춘천행 기차를 탔다. 흐르는 강물 경치가 좋은 가평 자라섬 위를 달리던 기차는 곧 역 몇 개를 지나서 강촌역에 도착한다.

삼악산 인기 등산코스는 등선폭포 입구, 의암호 매표소다. 이 코스는 등산 초보자들도 무난하게 걸을 수 있고, 어느 곳에서 출발하더라도 등선폭포 협곡 비경을 구경할 수 있다. 그렇지만 북한강 출발 등선봉~청운봉~정상까지 등산은 전문가 코스다. 삼악산은 해발 600m급이지만 양평 용문산, 제천 가은산과 함께 등산가들 사이에서도 악산으로 분류된다. 시작부터 까다로운 오르막, 등선봉부터 청운봉까지 험한 수직 암릉의 철제 발판과 로프를 번갈아 딛고 잡는다. 노송과 어우러진 북한강 풍경은 좋다만 더운 날씨 때문에 체력은 급속도로 떨어졌다. 무려 6시간이나 걸려서 땀범벅의 축 늘어진 몸으로 정상에 도착했다. 생각보다 많은 시간이 걸려서 무척 당혹스러웠다.

정상에서 의암호와 경기 북부의 화악산·명지산을 바라보다가 등선폭포 방향으로 내려섰다. 흥국사를 지나면서 작은 계곡이 시작된다. 이 계곡은 하류에서 협곡을 이루며, 크고 작은 폭포와 어우러진 풍경은 외국의 유명한 협곡과 견주어도 손색이 없다. 협곡은 바위 절벽이 병풍처럼 둘러쳐져 있고, 계곡물은 암반 사이로 굽이쳐 내려가 장쾌한 풍경을 자아낸다. 물줄기가 바위를 깎아 만든 깊은 웅덩이는 청량한 느낌을 준다. 6월에 시작된 여름 더위가 한순간에 날아갔다. 꼭 등산하지 않고 삼악산 협곡만 걸어도 될 환상적 비경이다. 서울에서 가까운 곳이고,

그동안 주말 나들이로 자주 다녔는데도 왜 모르고 지나갔을까.
명산은 결코 먼 곳에 있지 않았다.

[화산활동의 걸작품, 주왕산 협곡]

아찔하게 깎아지른 주왕산의 협곡

대한민국 사계절 관광지이자 단풍산행 명산으로 주왕산을 빼
놓을 수는 없다. 등산으로 유명해서가 아니라, 백악기 후기(1억 년
~6,500만 년 전)에 화산활동으로 탄생한 용추협곡 덕분이다. 주왕
산은 우리나라의 열두 번째 국립공원이자 2017년 제주도에 이
어 국내에서 두 번째로 유네스코 세계지질공원으로 등재되었다.

신라 시대의 절 대전사에서 주왕산 랜드마크 기암단애를 배경으로 인생 사진을 찍고 출발한다. 탐방로 양쪽에 수직으로 늘어선 기암절벽에 놀라고 하늘을 찌를 기세의 시루봉을 쳐다보면 목이 뻐근하다. 학소교 협곡 입구에 들어서면 신선의 나라에 발을 딛는 듯한 묘한 기분마저 들게 한다.

응회암 수직절리를 따라 생긴 첩첩산중의 협곡과 폭포는 이 세상 풍경이 아닌 착각마저 든다. ‘용추’는 우리나라 웬만한 계곡에서 한 번은 들어본 이름으로, 용이 승천할 때의 모습을 표현한다. 주왕산 용추협곡의 폭포는 모두 3단으로 이루어진 것이 특징이다. 1단 폭포 아래에는 선녀탕, 2단 폭포에는 구룡소라는 돌개구멍이 있고, 3단 폭포 아래에는 폭포호수가 있다.

이곳은 우리나라 풍경이라고는 도저히 믿기지 않을 정도로 놀랍다. 특히 이곳은 예부터 ‘청학동’이라 불리며 선비들이 자연을 벗 삼아 풍류를 즐기던 곳이라고 한다. 단순한 경관을 넘어 남녀노소는 물론 MZ세대가 인생샷을 남기는 대표 포토스팟 중 하나다. 주왕산 용추협곡에는 제2폭포 절구폭포와 마지막 용연폭포까지 모두 세 개가 있다. 각각 서로 다른 비경을 보고 있으면 저절로 입이 떡 벌어지는 멋진 곳이다.

이 협곡은 수달래 피는 봄과 단풍이 가득한 가을에 특히 인기가 높아서 산 너머 절골계곡보다 항상 탐방객이 많다. 단풍은 주산지가 가까운 절골계곡이 한 수 위, 가메봉을 넘으면 제3폭포에 닿는다. 주왕산은 서천영덕고속도로가 개통되어서 외지인도 접근하기 훨씬 좋아졌다.

꼭 100개의 명산 정상에 모두 발자취를 남길 필요는 없다. 먼 데 있는 99개 명산보다 가까이 있는 1개 명산이 차라리 보석 같은 존재라는 생각을 자주 한다. 영어 속담 "Use makes pefect"는 "배우기보다 익혀라"는 말이다. 일상생활에 널리 쓰이는 표현인데, 뭐든 내게 잘 맞고 익숙한 것이 새것보다 좋다. 100대 명산을 완등하고 뿌듯했지만, 그 과정에서 받은 스트레스도 만만치 않았다. 그런데 그런 스트레스까지 날려버릴 명산은 정작 가까운 데 있었다. 사실 먼 데 산에 가려면 치러야 하는 교통, 날씨, 비용 걱정은 은근한 스트레스다. 전철, 버스만 타고도 다녀올 가까운 산은 어떤가?

명산에 대한 정의를 바꾸었더니 스트레스는 줄고, 기분은 훨씬 좋아졌다. 가까운 산을 100번 더 다니는 것이 멀리 있는 명산 100개를 돌아다니는 것보다 훨씬 좋다. 가까운 곳도 자주 다니면 여행이 되고 건강에 좋은 약이 된다.

 ## 사진에서 본 것이 전부가 아니었다

'남는 것은 사진뿐'이라고 한다. 여행이든 산행이든 남는 것은 사진이다. 10년, 20년 전에 다녀온 산행 사진을 꺼내 보면 그날의 숨 가빴던 순간이 생생하게 떠오른다. 어느 한순간의 풍경을 카메라에 담는 순간 기록이 된다. 스쳐 지나가는 모든 것을 어떻게든 기록으로 남기면 추억이 된다. 문명이 발달하여 현대에는 디지털카메라가 그런 일을 하고 있다.

카메라가 없던 시대에는 어땠는가. 스페인 북부 알타미라 동굴벽화, 대한민국 울주군 반구대 암각화, 이집트 파라오 신전의 벽화가 있다. 조선 시대 인간 DSLR 카메라 겸재 정선의 산수화, 김홍도·신윤복·장승업의 풍속화를 통해 그 시대의 자연과 생활을 엿볼 수 있게 되었다. 여행과 산행의 추억은 세월이 흐를수록 머릿속에서 희미해져 간다. 그렇지만 작은 네모 안에 담긴 사진은 오래 간다. 4TB 외장하드에 있는 수십만 장의 사진, 같은 산이라도 똑같은 사진은 단 한 장도 없다. 계절마다 다르고, 하늘이 다르고 빛도 다르다.

사진이라는 열정 덕분에 내 여행도 산행도 더욱 빛났다. 2022년도 국립공원공단 탁상용 달력 4월에 내가 찍은 청산도 유채꽃 바다 풍경 사진이 실린 적 있다. 이 사진은 낮은 구릉성 산지에서 촬영했어도 감동적인 풍경이었다. 산이 높다고 해서 반드시 명품 사진이 나온다면, 너도나도 한라산 백록담, 지리산 천왕봉, 설악산 대청봉으로만 다녀야 한다.

걷고 또 걸었어도 쓸 만한 사진 한 장 제대로 없어서 실망했던 영월 태화산, 홍천 공작산이 있다. 오히려 관매도, 거문도, 보길도, 청산도의 나지막한 봉우리에서 생애 최고의 풍경 사진을 촬영했으니 이곳이 명산이다. 안으로 들어가면 볼 만한 경치가 없어서 멀리서 봐야 하는 산이 있고, 정상에 올라가야만 속 시원한 풍경에 감탄하는 산이 있게 마련이다. 사람들이 많이 찾아가는 산에는 다 이유가 있었다. 명산의 우선 조건은 탁 트인 조망, 다음은 숲과 계곡이다. 이런 곳은 사계절 사람들의 발걸음이 끊이지 않고, 그 사람들이 다양한 모습으로 사진을 찍어서 산행의 추억을 남기고 있다.

[거문도 불탄봉]

맑은 날에는 제주도까지 보이는 명품 바다 경치를 품고 있는 명산이다. 거문도 서도 덕촌마을에서 정상까지 약 30분 소요되는 불탄봉의 높이는 겨우 195m, 거문도에서는 최고봉이다.

바다 높이에서 곧장 출발하기 때문에 육지로 치면 해발

200~300m 높이에 해당한다. 덕촌마을에서 빠져나와 올라갈 때 초반에는 숨이 찬다. 처음에는 마을 지붕만 보이다가 서서히 거문도를 이루는 고도와 동도가 시야에 들어온다. 사람들이 들어갈 수 없는 바위섬 백도까지 보이기 시작하면 짧은 감탄사를 내뱉는 동시에 카메라를 꺼내는 것은 당연한 수순이다.

날씨가 좋아서 아주 멀리 검푸른 섬이 보이는 듯했는데 그렇다면 제주도가 맞다. 설악산 대청봉, 지리산 천왕봉에서도 볼 수 없던 제주도를 겨우 195m짜리 불탄봉에서 볼 수 있다니 이건 무슨 경우인가? 일제강점기 때 만든 벙커가 지금도 남아 있어 역사적 의미도 느낄 수 있다.

거문도 불탄봉 능선 절경 신선바위

192

정상 억새밭을 지나서 동백나무숲 터널을 빠져나가 능선을 걷다 보면, 깎아지른 해안 절경을 따라 펼쳐지는 넓고 푸른 바다의 비경이 황홀하기 그지없다. 특히 신선바위 절경은 진짜 신선이 그 위에서 풍류를 즐겼을 법하다는 생각이 들기도 한다. 수월산 거문도 등대까지 이어진 목넘어해안길 경치는 세상 어디에 비교해도 모자람 없는 하늘이 내린 비경이다. 거문도 등대는 불탄봉보다 조금 높은 수월산 끝자락에 있다. 등대에서 바라보는 푸른 바다도 꼭 사진으로 한 장 정도는 남겨야 할 멋진 풍경이다.

불탄봉과 나란한 해안로를 걸으면 거문도 다운타운이 몰려 있는 고도에서 가장 높은 해발 107m 희양봉이 나지막이 보인다. 부담 없이 산책하기 좋은 희양봉 언덕에 조선 고종 22년인 1885년에 러시아군의 남하를 막는다는 구실로 거문도에 강제 주둔했던 영국군, 그들이 머물렀던 자리에는 '영국군 묘지와 거문도 역사공원' 등 역사적인 장소가 있다. 산은 낮아도 이런 곳을 어찌 명산이라고 부르지 않을 이유가 있을까.

[관매도 돈대봉]

봄날 유채꽃 핀 풍경을 보지 않는다면 평생을 두고 후회할 관매도. 다도해해상국립공원에 속한 진도군의 섬으로, 세월호 참사 때 널리 알려진 팽목항에서 배를 타고 들어간다. 섬 전체가 4월에는 노란색으로 변하는 유채꽃 천국이고, 관매마을과 관호마을로 나누어져 있다. 두 마을 사이에 관매도 조망은 물론 서남해 푸른 바다 비경을 속 시원하게 볼 수 있는 돈대산이 있다. 돈대산은 해발 219m, 관매도 최고봉이다. 관호리 사람들은 돈대산을 '큰 산'이라고 부른다.

돈대봉에서 내려다본 관매도의 봄

돈대는 강화도에서 흔한 명칭으로, 조선 시대 적의 움직임을 살피거나 공격에 대비하기 위하여 조망이 좋은 곳에 접경지역 또는 해안지역에 설치한 초소다. 산의 정상에 돈대 터가 있어 산 이름이 유래된 듯하다. 등산로라고 해야 관매마을과 관호마을로 가는 두 갈래가 돈대봉 근처를 지난다. 정상으로 갈수록 조망은 빼어나서 바다 신선들이 산 위에서 놀다 갔을 정도로 멋스럽다는 생각이 들기도 한다. 수평선 끝에는 세월호의 아픈 사연을 안고 있는 맹골도가 보인다.

내가 여기에 갔을 때는 사고 현장에 설치했던 주황색 부표가 보일 정도로 관매도 돈대봉 조망은 빼어났다. 관매마을 방아섬으로 이어진 돈대봉 조망점에서 카메라를 꺼내지 않는다면 두고두고 후회할 풍경은 4월의 유채꽃밭이다. 제주도 산방산, 청산도 언덕의 유채꽃 풍경이 좋다고 해도 관매도 것이 한 수 위다. 막힘없이 사방으로 탁 트인 푸른 바다 풍경과 어우러진 마을 전체 유채꽃밭은 여태까지 내가 촬영한 사진 중에서는 가장 멋진 것 중의 하나로 간직하고 있다. 명산은 마음을 사로잡는 포인트가 하나는 있어야 한다는 진리를 보여주는 산이다. 낮아서 좋고, 보이는 경치 나무랄 데 없는 명산 중의 명산이다.

[청산도 슬로길, 보적산]

2022년 국립공원공단 탁상용 달력에 내가 촬영했던 청산도 풍경 사진 한 장이 올라갔다. 여행작가에게는 남다른 영광이다. 전라남도 완도군의 크고 작은 바다 섬 중의 하나인 청산도는 슬로시티로 유명하며, 하늘이 내린 자연환경과 어우러진 전통적인 농어촌 풍경, 그리고 청정한 해안이 어우러져 많은 이들이 찾는 대한민국 대표 힐링 여행지다.

봄에 여행으로만 다녀온다면 영화 〈서편제〉 촬영지 올라가는 언덕의 유채꽃 바다 풍경, 산 너머 국립공원 명품 마을인 상서마을 정도만 보고 나온다. 배를 타는 도청항에서 완도 특산물 완도전복 상차림으로 풍성하게 밥 먹고 나온 기억만 간직하게 된다. 청산도의 참다운 매력은 청산도 슬로길에 있다. 해변, 논밭, 산길, 마을길이 어우러져 자연과 조화를 이룬다. 이 길에서 감동적인 바다 경치를 바라볼 수 있는 해발 300m급의 여러 산봉우리를 만나기도 한다.

보적산 가는 길에 본 청산도의 봄

그중에 독보적인 경치를 바라보는 보적산은 꼭 한 번은 올라가야 한다. 서쪽에는 손끝에 닿을 듯 가까운 소안도와 청산도, 그 아래로 시선을 돌리면 추자도와 제주도를 볼 수 있다. 막힘 없는 바다 끝을 한 번 더 살펴보면 동쪽으로 거문도 서도가 어렴풋이 보이기도 한다. 보적산 높이는 해발 331m에 지나지 않지만, 섬 안팎의 모든 풍경을 지니고 있다. 섬 안의 모든 마을은 노란색 유채꽃 안에 갇혔고, 구불구불한 도로에 달리는 자동차 한 대까지도 선명하게 볼 수 있을 정도로 조망이 빼어나다. 이 산은 확실히 명산이라고 말하지 않을 수 없다. 죽을힘을 다해서 두어 시간 북한산 백운대에 올라가 텁텁하고 탁한 모습의 서울 시내만 보던 사람들에게 청산도 보적산은 신선의 세상에나 있을 법한 산이다.

등잔 밑은 진짜 어두웠다

내가 태어난 곳은 산과 강 그리고 평야가 적당히 섞인 경북 상주. 고등학교 진학과 동시에 대도시로 유학을 떠났다. 그리고 서울의 큰 기업에 입사하면서 고향은 여행으로 다녀올 기분이 들 정도로 먼 곳이 되었다. 고향 타령을 하는 이유는 고향 집 반경 50km 안에 명산이 수없이 많았는데 그런 사실을 몰랐다는 것이다.

수도권 사람으로 살면서 그 많은 명산을 다니다가 생각난 말이 있다.

"등잔 밑이 어둡다."

"가까이 있을 때 잘하자."

속리산을 빼면 고향 집에서 가까운 명산은 모두 서울에 살면서 40~50년 만에 처음 올랐다. 구병산, 주흘산, 황악산, 금오산, 대야산, 황장산, 희양산이 그런 산이다. 명절이나 기일에 맞춰 고향에 다녀오던 때 짬을 내서 모두 다녔다. 심지어 주흘산은 산책 삼아 자주 문경새재길을 다니면서도 오르지 않았는데, 명산 도전에 관심을 두지도 않았던 때여서 그랬던 이유도 있다.

이쯤 되면 등잔 밑이 어두워도 한참 어두웠다. 우리는 가까이 있는 것에 대한 소중함과 가치를 너무 모르고 지낸다. 일상에서 자주 접하는 사람, 사물, 환경의 소중함을 인식하고 감사하는 태도가 너무 부족하다. 가족, 친구, 가까운 이웃 등 가까운 존재들은 멀리 있는 것보다 더 큰 가치가 있다.

일상 속 기쁨과 행복이 가까이 있는 모든 것에서 시작되고 슬프고 괴로울 때는 위로와 힘이 될 수 있다. 눈만 뜨면 보이는 동네 산과 개울, 늘 호흡하는 공기, 매일 만나는 가까운 사람처럼 익숙해서 소홀해지기 쉽다. 인생을 살면서 가까운 것을 더 소중하게 여기고 감사하는 마음이 필요하다는 걸 알았다.

멀리 있는 것에 지나치게 매달리면 가까운 것의 소중함과 가치를 잃기 쉽다. 일상에서도 소소한 것의 가치를 잘 알고 소중하게 생각하는 것이 행복의 시작이 아닐까? 꼭 명산에 한정하고 싶지는 않지만, 그동안 나도 가까이 있는 것의 가치는 무시하고 멀리 있는 것에만 시선을 두지 않았나 싶다. 사근취원(捨近取遠), '가까운 것을 버리고 먼 것을 취한다'는 말이다. 사람은 대부분 가까이 있는 것을 하찮게 또는 얕잡아 보고, 멀리 있는 것에 더 관심을 둔다. 이것을 경계하는 말이다.

다양한 이유가 있겠지만 가까운 사람의 소중함을 잊고 지내는 경우가 일상이 되었다. '이웃사촌'이라는 말이 있다. 이웃이 멀리 있는 친척보다 낫다는 뜻이다. 마을이 사라져 옆집에 누가 사는지도 모르는 세상이니 요새는 꼭 그렇지도 않은 것 같지만, 확실히 가까운 이웃은 일상에서 자주 얼굴을 대하고 있어서 틀린 말도 아니다.

[집에서 30분, 희양산 겨울 속으로]

2017년 12월 마지막 날, 문경 희양산에 올라갔다가 컴컴해진 저녁에 내려왔고, 2018년 1월 중순에는 구미시 금오산에 올랐다. 다니던 회사를 잠시 쉬면서 2월까지 고향 상주에 내려가 있던 겨울이었다. 부모님과 함께 주문받은 상주곶감을 손질하고 포장하여 택배 보내는 일을 돕다가 짬이 나는 때를 맞춰 등산을 다녀왔다. 모두 집에서 한 시간도 걸리지 않는 곳에 등산로 입구가 있다. 특히, 백두대간에 놓인 희양산은 중부내륙고속도로에 차만 올리면 30분 정도 걸리는 매우 가까운 명산이다.

눈 덮인 희양산성의 성벽

"어머니, 문경에 잠깐 다녀오겠습니다."

점심나절에 집을 나섰고 중부내륙고속도로 연풍IC로 내려서서 한적한 산촌 은티마을에 차를 댔다. 12월 마지막 날 텅 빈 주차장에 나 혼자 차를 대고 주차비까지 냈다. 제법 큰 솔밭을 지나면 듬성듬성 은티마을 주택이 있다. 마을 입구는 좁아도 마을

200

안 사정은 달랐다. 왼쪽부터 오른쪽으로 둥글게 이어지는 마을은 아늑한 분지다.

이렇게 깊은 산속에 언제부터 어떻게 정착하여 살고 있는지 마을의 역사도 궁금해졌다. 산 위에 삼국시대에 쌓았다는 산성이 있던데, 그 아득한 옛날부터 들어와 살던 마을일까? 아니면 조선 말기에 천주교 박해 때 천주교인이 상주, 문경, 괴산 일대에 숨어들어 살았는데, 그때부터 마을이 생긴 것일까?

이제 희양산으로 올라간다. 들머리는 괴산과 문경, 두 곳이다. 괴산 쪽에선 연풍면 은티마을이 들머리다. 일반인이 희양산에 오를 수 있는 사실상 유일한 곳이다. 희양산 정상부의 불끈 솟은 돌산으로 바로 올라가는 문경 봉암사 등산로는 아예 개방하지 않기 때문이다. 겨우 1년에 딱 하루, 부처님 오신 날만 봉암사 산문을 개방한다. 무슨 명산 등산이 이렇게 까다로운가? 괴산 연풍면 은티마을을 이용할 수밖에 없다. 이쪽도 만만치가 않은 것은 마을 아래 주차장에서 산행 들머리까지 거리가 1km를 훌쩍 넘어서, 더운 날은 그늘 한 점 없는 뙤약볕에서 30분 가까이 걷다 보면 초반부터 진이 빠진다. 그렇다고 최대한 산과 가까운 곳까지 차를 대려면, 좁은 시골길에서 주민과 실랑이를 벌일 수밖에 없다. 여러 가지 이유로 명산이면서 등산객이 즐겨 찾지 않는 편이다.

속리산국립공원 권역의 대야산, 칠보산, 장성봉 그리고 청화산, 조항산에 멀찌감치 보이는 희양산은 독보적으로 빛난다. 돌산 정상이 환하게 빛나고 있어서 누가 봐도 희양산이라는 걸 알 수 있다. 이 산의 높이는 999.4m로, 아깝게도 1,000미터를 넘기지 못한다. 북쪽을 제외한 삼면의 화강암 암벽은 난공불락의 지세, 맑은 날 암벽이 볕을 받으면 더욱 환하게 빛을 낸다. '햇볕 희(曦)' 자에 '볕 양(陽)' 자인 이유다.

마을 안에서 시루봉으로 올라가서 이만봉 갈림길에서 희양산성 등산로를 이용했다. 희양산 정상까지는 지름티재를 거쳐 험한 직벽 구간으로 오르는 코스와 희양산성을 거쳐 오르는 코스로 나뉜다. 지름티재가 거리는 짧아도 매우 거칠고 군대의 유격 훈련 이상으로 힘들다. 시루봉 코스는 거리가 멀어도 다소 완만하다. 12월 마지막 날 희양산을 향해서 걷던 능선의 사정은 쉽지 않았다. 눈이 수북하게 쌓인 구간이며 칼날처럼 사나운 찬바람이 속도를 낼 수 없게 막았다. 시루봉을 거쳐 정상까지는 4.7km, 4시간 이상 걸리는 만만치 않은 거리다. 능선에 올라오면 군데군데 이만봉 방향으로 백두대간에 솟은 봉우리 조망이 빼어나다.

뭔가 심상치 않은 산이라는 걸 알 수 있는 삼국시대 산성도 있다. '희양산성에는 군량미 창고가 있었다'는 기록이 있어도 어느 나라에서 쌓았는지는 확실하지 않다고 한다. 은티마을에 주둔한 백제군을 전멸시킨 신라 선덕여왕의 기록과, 신라 마지막 왕 경순왕이 봉암사에 피신한 기록으로 봐서는 신라의 고성일 가능성이 크지 않을까? 그런데 이 험준한 산에 어떻게 성을 쌓았을까? 오늘날 가벼운 등산복 차림으로 다녀도 희양산은 힘든 산세다.

희양산 정상에서 은티마을로 내려오려면 정상에서 300m를 되돌아 나온다. 정상은 속리산과 문경시 방향으로 기막힌 풍경을 품고 있다. 소나무와 어우러진 산수화를 걸어놓은 듯한 멋짐도 돋보인다. 지름티재로 내려오는 직벽 구간, 최소한의 생명줄인 로프에 의지해야 했다. 암반부에선 두 팔과 두 다리를 모두 써야 간신히 내려올 수 있다. 이곳으로 올라가는 등산객이나 내려오는 등산객이나 모두 죽을 맛이다. '등린이'라면 가급적 희양산성 코스로 오르내리길 바란다.

오후에 시작한 등산이라서 구왕봉까지 갈 시간은 놓쳐서, 지름티에서 마을로 내려올 때는 완전히 겨울밤이 되었다. 불과 몇 시간 전에 낑낑대며 걸었던 능선 위로 크고 밝은 둥근 달이 걸쳤다. 등잔 밑이 어두워서 오랜 세월 모르고 지낸 희양산, 고향집에서 30분을 투자하여 제법 많은 수확을 얻었다. 희양산성, 문경 봉암사, 《삼국유사》 속 선덕여왕 때 "남근입어여근즉필사의(男根入於女根則必死矣)"라는 표현으로 은티마을 지세를 설명한 전투 이야기가 그런 것이다. 인생을 살면서 가까운 것을 더 소중하게 여기고 감사하는 마음이 필요하다는 건 아무리 강조해도 지나치지 않다.

방송을 보고 알게 되었다

여행작가의 길, 산악인의 길에 대해 곰곰이 생각해보는 시간도 가끔 있다. 이게 깊이 파고들면 결코 쉬운 일이 아니라는 걸 알게 된다. 글 몇 쪽과 사진 몇 장으로 갑자기 나도 여행작가가 되었다는 사람, 남들 다 다니는 산을 모두 다녔다고 나도 산악인이라고 생각하면 진짜 여행작가나 산악인에게 미안한 마음이 든다. 나는 여행도 좋아하면서 등산도 즐기고 사진도 잘 찍는 편에 드는, 남다른 취미를 지닌 인간이다.

우리나라 최초의 여행작가는 《왕오천축국전》을 남긴 혜초 스님이 아닐까 싶다. 《왕오천축국전》은 8세기 신라 승려 혜초가 인도·중앙아시아·서역을 여행하며 기록한 불교 여행기로, 세계 4대 여행기 중 가장 오래된 것으로 평가된다.

혜초가 4년여 동안 천축국을 여행하면서 깨달음을 얻으면서 틈틈이 쓴 글이 후대에 엄청난 여행서가 되었다. 오늘날에는 그럴싸하게 글만 잘 쓰고, 사진만 적당히 찍으면 작가의 반열에 오르는 시대가 되었다. SNS나 블로그에서 여행 카테고리 위주로 활동하다가 갑작스럽게 작은 출판사의 연락을 받아서 책을 낸 사람을 여럿 보았다.

비록 여행책을 내지는 않았지만 나도 원고 부탁을 받고 여러 편의 글을 지역 여행 잡지에 올렸다. 2011년에 한국여행작가협회 작가학교에 다닐 때 여행작가에 대한 정의를 새로이 알게 되었다.

"진정한 작가는 여행을 업으로 하면서, 이미 있는 여행 소재가 아니라 새로운 여행 소재를 발굴하는 역할을 해야 한다"고 작가학교 멘토가 말했다. SNS나 블로그에 남긴 여행 글은 큰 틀에서는 여행기이지만 엄밀히 따지면 단순한 개인적 여행 기록 정도에 불과하다고 덧붙여 말했다. 이미 틀에 짜인 여행 명소와 길이 반질반질할 만큼 많은 사람이 다닌 명산을 소재로 새로운 관심거리를 개척하고, 마음을 사로잡을 글을 쓴다는 것은 쉽지 않았다. 워낙 잘 알려진 곳이라서 글을 아무리 잘 써도 뭔가 어색했다. 사진의 구도나 소재도 감동적이지 않았다.

요즘 편리한 여행은 짜놓은 일정을 잘 쫓아다니는 것이다. 이른바 패키지여행이다. 여행 준비 스트레스 최소화와 안전·편리 그리고 정해진 교통수단으로 체력 부담이 확 준다. 단점이라면 정해진 일정에 졸졸 따라다녀서 자유도가 낮다는 점이다. 일정이 빡빡하고 자유시간이 부족하며, 개인 취향에 맞는 감동적인 여행은 어렵다. 패키지여행은 여행작가에게는 독자의 마음을 사로잡을 풍부한 취재를 하지 못하는 점이다. 결국은 유행처럼 방송을 주름잡는 여행 유튜버들보다 못한 결과를 가져오거나, 일반인조차 끄적일 수준의 평범한 여행기에 머무르기 쉽다.

[우리나라 최초의 여관, 차 문화의 성인 초의선사]

육지가 끝나고 바다로 이어지는 땅끝마을의 고장 해남군에 우뚝 솟은 두륜산. 계곡 10리 길의 나무 터널을 지나면 대흥사 바로 아래에 100년을 지켜 온 여관 유선관이 있다. 1914년에 지은 우리나라 최초의 여관에는 절을 찾는 방문객과 수도승이 머문 공간이다. 두륜산이 지닌 자연 풍경을 시와 노래로 읊은 시인 묵객 또한 여기를 거쳐 가지 않은 사람이 없다고 한다. 서울, 부산, 목포 대도시도 아닌 이런 외딴곳에 어떻게 우리나라 최초의 여관이 들어섰을까, 궁금하기도 하다.

2008년 한 TV 프로그램에서 땅끝마을 해남 두륜산 자락 유선관을 보고 난 뒤에 나의 여행 목록에 해남 대흥사와 유선관을 적어 넣었지만, 그로부터 7년이 지난 뒤에야 100대 명산 두륜산 등산으로 소원을 이루었다. 해발 703m의 두륜산을 타고 넘은 것은 2015년 이른 봄이고, 주작산과 두륜산 사이에 낀 오소재에서 시작했다. 먼저 두륜산 케이블카 상부 고계봉으로 올라갔다가 다시 내려오면서, 이후에 봉우리라고 있는 봉우리는 모두 넘었다. 그때 정상 암릉 등산로에 데크 계단 공사가 진행 중이었다. 산세는 포근하고 완만하여 초보자에게도 어렵지 않아서, 우리 딸아이들도 좋아할 산이다.

대흥사를 품은 두륜산 정상

보통 대흥사에서 시작하는 등산로가 있기가 크게 세 코스로 나뉜다. 소요시간을 꼼꼼이 따져서 가련봉 정상, 일지암, 북미륵암 등을 목적지로 정해두고 등산을 하는 방법도 있다. 고계봉부터 두륜봉까지 등산은 어렵지 않았다. 가련봉, 노승봉에서 두륜봉으로 가는 정상 능선부의 바위투성이 암릉이 부담스럽긴 해도 다도해의 바다와 어우러진 남도의 들녘 경치가 일품이다. 속이 시원하다는 느낌이 들 정도로 탁 트인 경치는 두륜산만이 지닌 명품 경치로 손색이 없다.

정상에서 아래로 쭉 흘러내린 산비탈에 자리 잡은 대흥사 모습도 평온해 보인다. 두륜봉에서 따뜻한 봄볕을 신나게 즐기다가 만일암터 천년수 입구 갈림길로 되돌아와서 북미륵암으로 향했다. 이쪽은 완연한 봄기운이 들어서 개불알풀꽃, 보춘화, 동백꽃을 볼 수 있었다. 만일암 절터를 지키고 있던 오층석탑, 거대한 두륜산 천년수를 보면서 해남의 오래된 역사를 가늠할 수 있다. 두륜산 만일암 천년수는 높이 22m, 둘레 9.6m의 느티나무 수종으로 나이가 1100년 정도 될 것으로 추정돼 천년수로 불린다.

두륜산 중턱의 북미륵암, 얼굴이 통통 부어 달덩이처럼 보이는 대흥사 북미륵암 마애여래좌상은 국보 제308호에 이름을 올린 신라 말의 불상이다. 섬세하게 조각한 옷매무새와 둥글둥글 너그러운 표정, 풍만한 육체를 멋지게 표현했다. 조각 예술을 잘 모르는 나 같은 사람이 봐도 '예술이구나' 하는 생각이 들 정도였다.

북미륵암에서 무거운 몸을 구부려 마애불 앞에서 기도를 올리고 비탈길을 걸어서 대흥사로 내려왔다. 3월 초, 대흥사 경내 곳곳에 매화꽃이 만개하여 꿀벌이 이 꽃 저 꽃으로 옮겨 다니면서 정신없이 꿀을 빨고 있다. 대흥사, 나그네나 떠돌이 여행가로 왔다면 스님이라도 붙잡고 궁금한 것을 분명히 더 많이 물어봤을 절이다. 그렇지만 이미 방송에서 알게 된 것, 인터넷 검색에서 얻은 지식이 있어서 더는 궁금한 것이 없다.

대웅보전 현판에 얽힌 추사 김정희 선생과 원교 이광사의 글씨 실물의 궁금증을 해소하는 것이 먼저다. 대웅보전 바로 옆 백설당의 무량수각 현판은 추사 글씨다. 침계루, 천불전, 해탈문 등의 현판은 모두 이광사 글씨다. 대흥사는 마치 이광사의 서예학원 같다. 그 옆에 조선 최고 명필의 글씨가 걸려 있어 이채롭다. 내가 보기에는 추사의 글씨는 서울 강남 봉은사 편전 현판과 함께 어린애들 붓글씨 초보처럼 보이던데 말이다. 전혀 명필답다는 생각이 들지 않는다. 따스한 봄기운이 감도는 대흥사 경내를 두루 살피면서도 압도적인 풍경은 절 위를 병풍처럼 에두른 가련봉 정상이다.

'천년 역사를 감싸고 다시 천년을 이어갈 자리'라고 예언한 서산대사를 모신 표충사도 빼놓지 않고 들렀다. 대흥사에서 반드시 알고 가야 할 사실은 우리나라 다도를 다시 일으킨 초의선사 이야기다. 대흥사 일지암에서 수행하면서 선 사상과 차에 관한 모든 것에 생을 다 바친 초의선사(1786~1866)는 당시 강진에서 18년 동안 유배를 산 다산 정약용, 평생 친구 추사 김정희와 교류하면서 학문과 차에 대한 지식을 쌓았다. 국보급, 보물급 불교 유산을 숱하게 보유한 두륜산 터줏대감 대흥사의 실체는 이미 세상에 깨알같이 잘 알려졌다. 대흥사뿐 아니라 제대로 알고 찾는 이가 훨씬 많은 시절에 독자의 마음을 울릴 만한 여행작가로 인정받기는 쉽지 않다. 결국에는 방송이나 잡지를 보고 다니면서 평범한 한 줄 여행기에 의존하는 무늬만 여행작가가 된다. 내일은 어떤 방송을 보고, 어디 갈까 고민한다.

명산 계곡에서 고운을 만나다

신라 진흥왕, 원효대사, 의상대사, 고운 최치원, 퇴계 이황, 암행어사 박문수는 등산 고수였을까? 명산 계곡, 풍경 좋은 곳에서 어김없이 보는 바위 글씨. 오늘날에는 잡히면 과태료 감이다. 그 시대에는 지금처럼 안내판을 설치할 여건이 되지 않아서 이처럼 바위에 글씨를 새겼다. 웬만해선 알아먹지도 못하는 꼬불꼬불한 한자체도 있는가 하면 바르게 잘 쓴 글씨도 있다. 이런 바위 글씨에서 옛사람의 발자취와 이야기를 들을 수 있다.

자료를 찾아보면 실제로 높은 산 정상에 올랐다는 기록이 있다.

대부분의 옛 선현들은 대충 풍류를 즐기기 좋은 명산 계곡에서 유유자적 시를 읊고 갔다. 어떤 이는 시와 유람기를 남겼고, 어떤 이는 흔적 없이 다녀갔다. 내가 두루 다닌 명산과 계곡은 옛사람들을 만나는 시대적 교류 장소가 되었다. 경주 남산에는 신라인들이 세운 불상 뒤에서 기도 소리가 들리고, 월악산 하늘재를 넘던 삼국시대 병사들의 거친 숨소리, 무주 구천동 어사길에서는 어사 박문수를 만났다. '여긴 내 땅'이라며 돌비석을 북한산 비봉에 박은 신라 진흥왕, 수백 년, 수천 년 전에 차곡차곡 돌을 쌓아 산성을 만든 사람들도 있다. 이 사람들이 명산 정상에 올라간 뚜렷한 기록을 다 알 수는 없다. 다만 경치 좋은 곳에 눌러앉아서 세상 풍경 좋다고 놀다가 간 것은 확실하다.

명산 정보, 인물 정보를 찾다 보면 나보다 먼저 명산에 다녀간 사람들과 역사 이야기를 자연스럽게 접하게 된다. 정상 인증만 하면서 그냥저냥 산행만 한다면 도저히 알 수 없는 이야기는 너무나 많이 널려 있다. 산에서 옛 선현들의 이야기를 듣고 산속에 숨은 우리나라 역사도 배우게 되니, 꿩 먹고 알 먹는 격이다. 건강도 챙기고 지식도 쌓으니 이것보다 값진 운동이 세상 또 어디에 있을까?

속세의 명리를 떠난 문경 선유동계곡

먼저 이곳을 다녀간 고운 최치원의 발자취를 따라 후대에도 여전히 많은 사람이 드나드는 명산 문경 대야산의 선유동계곡에 퇴계 이황, 우복 정경세, 도암 이재도 다녀갔다. 대한민국 대표 계곡 부자 속리산에는 쌍용계곡, 선유동계곡, 화양동계곡이 있다. 내가 시절마다 드나드는 명산 계곡이다. 한번은 8월 무더위에 땀을 한 바가지나 쏟으면서 속리산국립공원 문경 대야산을 등산했다. 이 산에는 정상에서 조금씩 흘러나온 물이 모이고 모여서 용추계곡을 이루다가 아래쪽에 명승 선유동계곡을 만들었다. 사실 용추계곡과 선유동계곡은 같은 물길이다.

속리산국립공원에는 선유동계곡이 두 곳, 하나는 괴산군, 다른 하나는 문경시에 속한다. 대야산 문경 선유동계곡은 괴산 선유동계곡보다 길고 화려하다. 계곡미가 빼어나 문경 팔경의 하나로 꼽힌다. 특히 1100여 년 전에 이곳에 머문 고운 최치원이 쓴 바위 글씨가 유명하다. 전국에 선유동이라 이름 붙은 명승지 중에서도 단연 으뜸이라 할 수 있는 문경 선유구곡에서 옥하대, 영사석, 활청담, 세심대, 관란담, 영규암, 난생뢰, 옥석대 바위 글씨를 찾아 계곡을 요리조리 건너는 재미도 남다르다.

그중에서 옥석대는 수백 명이 앉을 수 있는 계곡 광장이나 다름없다. 이 너른 바위에서 고운 최치원은 신라 6두품 신분으로 최고의 벼슬까지 올랐으나 골품제도의 한계를 넘지 못한 한을 삭이고 또 삭였다. 어쩌면 그의 한을 명승 선유동이 위로했고 또 자신도 글을 쓰면서 스스로 위로받았을 것이다. 선유동계곡이 있는 마을은 문경 완장리다. 조선 중기 서애 유성룡의 제자 우복 정경세의 '가이완장운(可以浣腸雲)'에서 유래한다. "골짜기가 탁 트여 창자가 시원하다"고 할 만큼 경치에 푹 빠졌다. 우복은 서애의 수제자이자 영의정까지 지냈지만, 스승의 명성에 가려서 덜 알려졌다.

이 밖에 괴산 선유동은 서애의 스승 퇴계 이황, 화양동계곡은 조선 후기 우암 송시열과 제자들이 수많은 시문을 남겼다. 천년, 수백 년 전에 먼저 다녀간 명산명승지는 감동적이다. 시공을 초월한 공감각적 시선으로 그들과 함께 자연을 바라본다. 명산에서 매번 그들과 함께 있는 듯한 그 기분은 무엇인가?

[진흥왕이 순수비를 세운, 북한산 비봉]

북한산 비봉의 진흥왕순수비

서울 은평구 녹번동에서 7년간 신혼살림을 살 때 북한산 향로봉과 비봉은 단골 주말 등산 명소였다. 향로봉의 험한 바위를 넘고 순조롭게 걷다가 얼마 가지 않아 길을 막고 선 거대한 바윗덩어리가 비봉이다. 이름에서 알 수 있듯이 정상에 비석이 있다. 한반도 삼국시대 500년대 중반 역사는 북한산을 경계로 고구려, 신라, 백제가 영토 전쟁을 하던 때였다. 《삼국사기》에 기록된 그 시대의 주인공은 고구려 평원왕·영양왕, 신라 진흥왕, 백제 성왕·위덕왕이다.

결국 비봉에 경계비를 얹은 인물은 신라 진흥왕이다. 《삼국사기》 신라본기에 "진흥왕 16년 10월에 왕이 북한산에 행차하여 영토를 개척하고 국경을 정하였다"는 기록이 있다. 1400년이 넘은 전설 같은 일인데, 더 놀라운 것은 이 비석이 신라 진흥왕이 세운 것을 밝힌 인물은 추사 김정희다. 아무도 이 비의 정체를 아는 사람이 없었다. 돌고 도는 말로는 무학대사가 세운 비로 알고 있었다는 점이다. 1816년 사모바위 아래 승가사에 머물던 추사가 이 비를 보았고, 이끼가 덮인 돌을 문지르자 나타난 글자를 탁본하면서 비로소 비석의 정체가 세상에 드러났다. 비문에는 진흥왕의 업적, 직접 오른 목적, 수행한 신하들의 명단, 신라의 관직 체계, 불교 전파 등 다양한 내용이 담겨 있다. 추사 김정희가 무려 1200년 만에 그곳에서 신라 진흥왕을 만났을 때의 기분은 어땠을까?

현재 북한산 진흥왕순수비 진품은 중앙국립박물관에 있고 비봉의 것은 복제품이다. 비봉에는 비석만 있지는 않고 정체불명의 이름 글자도 보인다. 시대를 뛰어넘어 수많은 사람이 여기를 오르내렸다는 증표다. 바위 글씨를 남긴 인물들은 어떤 생각으로 여기에 올라왔을까?

설악산 대승폭포

　호연지기 끝판왕, 설악산 대승폭포. 대승폭포는 금강산 구룡폭포, 개성 박연폭포와 함께 우리나라 3대 폭포로 꼽는다.

　"금강산 가는 길에 인제 대승폭포에는 꼭 들렀다가 가거라"는 말이 전한다. 세상을 유람하면서 호연지기를 키우려고 금강산으로 자식을 보낼 때 한양의 선비들이 아들에게 일러 준 말이라고 한다.

　설악산 장수대에서 대승령으로 가는 산 중턱에 있는 이 폭포는 높이가 무려 88m나 된다. 다른 두 폭포보다 압도적으로 높다. 대승령은 백담사 수렴동으로 가는 고개로 미시령에서 금강산으

216

로 이어진다. 조선 시대 명필 양사언의 글씨로 추정되는 '구천은
하(九天銀河)'가 전망대 주변 반석 위에 새겨져 있다. '까마득한 하
늘 꼭대기에서 은하수가 떨어지는 듯하다'는 뜻이다. 시멘트로
지은 정자에서 바라보던 금강산 구룡폭포보다 훨씬 감동적이다.
끝이 겨우 보이는, 우렁차게 내리꽂는 물줄기에서 절로 힘이 솟
아오르게 하고도 남는 풍경이다. 가슴이 벅차오르던 그 감정이
여기를 다녀간 옛사람이 느꼈을 바로 그 호연지기란 말인가?

한때 금강산에 다녀올 때 대승폭포에 들릴 일은 없이 동해항
에서 유람선을 타거나 버스로 육로를 이용했다. 지금은 간혹 등
산객만 이곳을 들릴 뿐이다. 장수대에서 대승폭포까지 거리는
900여 미터 격한 오르막, 숨을 헐떡이며 어렵다는 생각이 들 때
쯤 나타나는 대승폭포. 나보다 먼저 여기를 다녀간 역사 속 인
물들과 소리 없는 대화를 나눈다. 그들과 구천은하 대승폭포 물
길을 같이 보며 한참 동안 머물다가 대승령으로 올라간다.

 ## 열정만으로 이룰 수 없는 것도 있다

이 산에 서면 저 산이 그립다. 간절한 그리움과 열정이 없었다
면 이곳저곳 명산으로 돌아다니는 일을 마칠 수 없었다. 그렇다

고 막연한 열정과 그리움만으로 되는 것도 아니었다. 계획 없이 무작정 떠나는 산행은 저을 노 없이 배를 타고 망망대해로 나서는 것과 다를 바 없다. 계획은 없고 무지한 열정은 스트레스나 쓸데없는 시간 낭비를 부른다. 적어도 이 산의 특징, 코스와 난이도 정도는 미리 확인하는 것이 좋다. 산행은 심심풀이로 다니는 것은 아니기 때문이다.

산행은 등산이라는 운동에, 엄연히 여행이라는 견문과 짝을 이루고 있다. 운동만 목적이라면 동네에서 뜀박질, 걷기 운동으로 충분하다. 명산에 마음이 있으면 후회 없을 꼼꼼한 계획을 짜는 것이 먼저다. 우리가 살면서 뚜렷한 계획 없이 열정만으로 덤빈 일은 없었던가? 가만히 삶을 되돌아보면 연령대가 바뀌면서 계획과 열정의 차이는 있었던 것 같다. 삶의 목표를 세우고, 달마다 계획을 세우는 것이 중요하다는 것을 차츰 깨닫게 되었다.

대학교를 졸업하고 무역 업무로 사회생활에 첫발을 내딛던 1990년대 초, 열정은 넘쳤어도 틀에 박힌 일을 시키는 대로만 하지 않았던가? 구매팀의 신용장 개설요청서 검토, 재정부에서 수입 대금 수령, 은행에서 외환 결제가 거의 정해진 업무 일과였다. 회사로 돌아와서 퇴근 시간이 지났어도 다음 날 처리할 일을 정리하고 집에 가면 밤 9시는 보통이었다.

'아, 이렇게 살려고 아등바등 공부하고 사회생활을 시작한 것

이 아닌데, 왜 시간이 부족한 걸까?'

정년 퇴임 뒤에 그때를 생각하니, 열정은 넘쳤어도 알차게 계획을 짜는 방법은 서툴렀다는 걸 뒤늦게 깨달았다. 선참과 상사들의 여유 넘치던 회사 생활이 늘 부러웠던 사회 초년 시절을 지금도 잊을 수가 없다.

'이래서는 안 되겠다. 시간을 활용하면서 계획적으로 업무를 하자.'

[섬 위의 산, 홍도 깃대봉]

목포여객선터미널로 나오던 날 흑산도 특산물 홍어집에서 쿰쿰한 냄새가 풍기던 회와 홍어애탕을 먹었다. 섬 위의 산 홍도 깃대봉에서 푸른 바다의 꿈을 생생하게 느꼈던 감동적인 산행을 생각했다. 무슨 이유가 있어서 산림청에서는 이 산을 명산으로 지정했겠지만, 수도권에 거주하는 사람은 큰마음을 먹고 꼼꼼하게 계획을 짜야 오를 수 있는 산이다. 남쪽 바다 위에서 나홀로 명소라고 자랑질하는 홍도는 우리나라 국민이면 누구나 한 번은 가보고 싶은 섬이다. 홍도 깃대봉은 명산 도전의 완성을 이루려면 반드시 올라야 하지만, 막연한 그리움과 열정만으로 쉽게 다녀올 수 없는 산이다. 교통과 날씨, 숙박 비용까지 세

심하게 일정을 짜면서 적잖은 스트레스도 느꼈다.

유람선에서 바라본 홍도의 비경

　세상에 그리움과 열정만으로 이룰 수 없는 것이 어디 한두 가지인가? 계획도 없이 일을 실행하면 오히려 안 하니만 못한 결과를 얻는다. 송나라 유학자 주자가 지은 〈주자십회(朱子十悔)〉'에 '춘불경종추후회(春不耕種秋後悔)라는 말이 있다. '봄에 농사를 준비하지 않으면 가을에 후회한다' 는 뜻이다. 이왕 시작할 일, 마음먹은 일이라서 꼼꼼하게 계획을 짰다. 장거리 자가운전이 부담되어 심야우등 고속버스와 KTX 등 대중교통편 이용, 목포연안여객터미널 홍도 왕복 쾌속선과 숙박 예약을 하면 절반 이상은 성공한 셈이다. 육지로 나오는 길에 흑산도 상라산에서 흑산면사무소까지 등산을 감안하여 등산로 입구까지 택시를 예약했다.

드디어 생애 처음으로 나선 홍도행 아침. 서울센트럴시티터미널에서 고속버스를 타고 밤새 내려오느라 첫 배를 타기 전에 목포연안여객선터미널 근처에서 쪽잠으로 모자란 수면시간을 채웠다. 근처에는 첫배를 타는 여행객에게 새벽 쪽잠을 제공하고 아침 식사를 파는 음식점이 있다. 열기매운탕을 곁들인 백반으로 배불리 속을 채웠다. 쾌속선은 미끄러지듯 바다로 나갔고 흑산도에 들러 승객과 짐을 부리고 약 2시간 30분 만에 홍도항에 도착했다. 해가 완전히 돋아서 세상에 모습을 드러낸 홍도는 3가지 타이틀을 지닌 섬이다. 다도해해상국립공원, 홍도 천연보호구역, 유네스코 생물권보전지역이다. 서쪽의 노을 때문에 섬이 붉게 보인다고 하여 홍도라는 이름이 붙었지, 가요 〈홍도야 우지 마라〉의 홍도와는 전혀 관련이 없다.

이 섬의 주민들은 본래 어업으로 살았는데, 그래도 주요 소득원은 다도해해상국립공원을 대표하는 아름다운 섬으로서 관광객이 끊이지 않는 덕분에 얻는 관광 수입이다. 꼼꼼하게 짠 홍도 여행 일정 덕분에 대부분 첫날에 모든 걸 마쳤다. 첫날 일정은 유람선으로 홍도를 한 바퀴 돌면서 36경을 구경하고 깃대봉 등산을 하는 것이다. 2시간가량 유람선을 타고 1시간 반 깃대봉 등산을 마치고 나서는 별로 할 일이 없다.

홍도분교장 앞부터 한국전력 내연발전소까지 왕복 1.6km 홍도 맛보기 산책을 한다. 산책로에서 바라보는 홍도1리는 이탈리아 남부 아말피해변 풍경과 비슷하여 한국의 지중해 해변으로 부르기에도 어울릴 만하다. 해변부터 깎아지른 절벽에 자리한 아기자기한 마을, 주황색 지붕의 그림 같은 집, 계단식 골목길, 에메랄드빛 바다가 서로 조화로웠다. 유람선을 타고 나가면 홍도 비경은 대부분 바다에 있다. 구수한 사투리로 쏟아내는 섬 자랑 방송이 귀에 쏙쏙 들어온다.

그동안 사진에서 봤던 홍도의 기암괴석은 자연이 빚은 걸작품이자 바다 위 수석박물관이다. 홍도의 랜드마크 남문바위를 지나면 이어지는 병풍바위, 거북바위, 만물상, 독립문바위 등 수많은 절경에 감탄한다. 깃대봉 아래 동쪽의 바위는 감히 범접할 엄두를 못 낼 정도로 거대한 수직 절벽이다. 절벽의 크고 작은 해식동굴을 지날 때 갑자기 유람선이 멈췄다. 유람선이 고장인가? 갑자기 해적선처럼 작은 어선 몇 척이 유람선에 붙었고, 다시 방송이 나왔다.

"값싸고 싱싱한 자연산 회를 드시고 홍도 주민에게 많은 도움 주쇼."

홍도 주민이 어업으로 잡은 생선회를 파는 즉석 선상횟집이다. 현금으로만 거래하고, 값어치를 충분히 하고 남을 싱싱한 맛이었다. 그동안 그 어떤 명산에서도 경험하지 못한 홍도 깃대봉만의 아주 특별한 재미였다.

　명산 깃대봉은 홍도분교장부터 등산로가 시작된다. 앞뒤 볼 것 없이 등산로는 직진 방향으로 딱 하나, 올라갔던 길로 돌아온다. 오르내리는 길에 전망대가 두 곳, 이곳에서 보는 홍도의 야경이 환상적이었다. 제주 우도 8경 '야항어범' 등 섬에서만 즐길 수 있는 밤바다 풍경은 환상적이다. 밤바다 낭만을 즐기며 부둣가에서 싱싱한 해산물까지 맛있게 먹었다. 열정만으로 덤볐다가 이룰 수 없는 일, 계획도 없이 들이댔다가 고생할 깃대봉까지 먼 여정은 결국 좋은 결실을 얻었다. 처음부터 끝까지 꼼꼼한 계획을 짠 덕분이었다. 직장 생활도 막연한 열정으로 일하던 습관을 버리고, 계획적인 방법을 찾아서 습관을 바꾸면 많이 달라진다.

　여유와 평온, 회사와 가정의 균형 잡힌 일상은, 열정은 최소화하고 규칙과 계획을 유연하게 짜는 데서 얻는 것이다. 사실 홍도 깃대봉은 빠듯하게 당일치기로 다녀올 수도 있다. 목포항에서 7시 50분에 출발하는 쾌속선을 타서 2시간 30분 만인 10시 20분에 홍도에 도착하고, 15시 10분에 목포로 나오는 배를 타는 방법이다. 홍도에서 4시간 50분가량 머물면서, 깃대봉을 다녀와서 2시간가량 유람선으로 홍도 36경을 구경한다. 그렇지만 여유로움과 낭만을 뒤로하는 아쉬움은 어쩔 수가 없는 노릇이 된다.

 # 타박타박 오늘은 둘레길 한 자락

우리나라 둘레길, 올레길, 해변길, 자락길의 원조격인 제주 올레길은 수려한 제주도 해변을 따라 이어졌다. 순전히 바다의 섬과 섬끼리 연결된 통영 바다백리길은 배를 타고 다녀야 걸을 수 있는 길이다. 전철과 시내버스를 타면 어느 코스나 발을 들이는 도심형 북한산 둘레길도 있으며, 걷는 내내 제법 등산 기분이 나는 명품 소백산 자락길도 있다. 사계절 탐방객의 방문이 끊기는 날이 거의 없는 태안 해변길은 7개 코스 97km에서 황홀한 낙조를 보는 정말 걷기 좋은 길이다.

등산은 힘들고 산이 높아서 싫다거나, 어린 자녀와 자연을 함께 즐기고 싶다거나, 시간이 없어서 멀리 갈 형편이 못 된다는 사람들에게 딱 좋은 둘레길 한 자락은 어떨까? 이 길에서 바라보는 먼 데 있는 명산은 우리에게 어떤 모습으로 다가올까? 명산을 즐기고, 마음에 품는 또 다른 방법으로 오늘은 둘레길 한 자락 타박타박 걸어보자.

[한 번쯤은 제주 올레길]

제주도의 걷기 좋은 길을 찾아 잇고, 끊어진 길은 새로 내면서 모두 437㎞, 27개 코스를 열었다. 2007년 9월부터 시작해서 차례대로 길을 열다가 2012년 11월에는 제주해녀박물관~종달바당을 잇는 21코스를 걷게 되면서 제주도를 통째 한 바퀴 도는 올레 코스가 완성되었다. 2022년 6월 추자도에 18-2코스를 개장하면서 총연장 약 437㎞가 되었다. 모두 완주하려면 보통 한 달 정도 걸린다.

제주 올레길, 내가 좋아하는 코스

'올레' 는 집에서 거리길로 나가는 골목길을 뜻하는데, 제주올레길은 '걷는 여행' 이라는 즐거움을 주는 마을길, 해안도로, 숲속 오솔길 등 다양한 길로 이루어졌다. 제주 올레는 사전적 의미 말고도 '제주에 올래?' 라는 여행 유혹의 의미를 담게 되었다. 유채꽃 피는 봄부터 바람 부는 겨울까지, 어느 계절 하나 나무랄 데 없는 올레길에서 명산 한라산은 독보적인 풍경이다. 섬이 산이고 산이 곧 섬인 제주에서 올레길 어느 한 자락 뚝 잘라서 걸으면 몸도 마음도 힐링된다.

여행 갈 때마다 모든 코스가 욕심이 나지만 그중에서 1-1코스 우도 올레, 7-1코스 서귀포 올레, 10코스 화순~모슬포 올레, 21코스 하도~종달 올레는 꼭 걷고 온다. 이 코스에는 유채꽃, 황우지 해안 절경과 외돌개, 산방산과 용머리해안을 비롯하여 종달리 해안의 수국꽃 핀 풍경이 매력적이다. 곳곳에 먹을 것도 많아서 입도 심심하지 않다.

[그리움을 서로 이은 통영 바다백리길]

바다백리길의 해안 절경

섬은 서로 그리움을 지니고 바다에 흩어져 있다. 한려해상 통영을 수놓은 많은 섬 중에서 미륵도 · 한산도 · 비진도 · 연대

226

도·매물도·소매물도를 잇는 42.1km 섬둘레길이 바다백리길이다. 백릿길을 잇는 섬은 저마다 특별한 매력이 있다. 새벽에 통영에 내려오면 먼저 통영여객선터미널 서호전통시장에서 뜨끈한 시락국을 먹고 시작한다.

바다백리길은 미륵도 달아길을 빼고 육지에서 배로 이동해 길이 시작된다. 바다백리길의 백미는 소매물도 등대길이다. 매물도 해품길은 산과 바다가 조화로운 바다백리길의 축소판이고 섬마을 사람들의 훈훈한 인심과 함께한다. 비진도 산호길은 개미허리처럼 서로 이어진 두 섬이 신비롭다. 가장 작은 섬 연대도에 있는 지겟길은 정겨운 섬마을의 길이다. 가장 길고 힘든 구간인 미륵도 달아길의 노을 음악회는 감동적이다. 한산도 역사길에서는 성웅 이순신의 역사와 문화를 만날 수 있다.

[남다른 해안 솔밭길 태안 해변길]

2011년 몽산포에서 꽃지해수욕장까지 25km 구간을 우선 개통하면서 태안 해변길 탄생을 알렸다. 태안 하면 먼저 떠오르는 것은 수도권 사람의 주말 여행지 안면도 꽃지해변이다. 원래 유명한 주말 여행지에 국립공원공단에서 태안 해변길 120km를 7개로 나눠 차례로 길을 이었다. 걷기 좋은 해변 한쪽은 바다, 다른 한쪽은 해송이 울창한 숲이다. 건강한 힐링을 즐기는 이곳에서는 이미 책에서 읽은 리아스식 해안 사구, 염생식물, 금개구리 등 다양한 자연환경을 접한다.

　사계절 언제나 걷기 좋은 길인데 신두리 사구가 있는 1코스 바라길, 해송과 사구가 길게 이어진 4코스 솔모랫길과 불타는 노을의 환상적 풍경을 지닌 5코스 안면도 노을길은 특히 인기 만점이다. 태안 해변길의 장점은 시간에 얽매일 필요가 없다는 점이다. 또 우리가 즐기는 자유로움을 구속하는 사람도 없다. 걷다가 마음에 드는 풍경이 있다면 넋 놓고 쳐다보기, 솔숲에 앉아서 독서하기, 해송 밖 음식점에서 태안의 싱싱한 해산물 즐기기를 해보자. 우리가 왜 이런 길을 진정 원하는지, 그 해답을 태안 해변길에서 찾을 수 있다.

태안 해변길에서 만난 서해의 낙조

북한산 둘레길에서 만난 진달래 꽃길

오늘도 지하철을 타고 북한산 언저리로 왔다. 등산을 할까 하다가 둘레길 두어 토막 걷고 나서 시내 광장시장에서 적당히 뭘 먹고 집으로 가기로 했다. 내가 살고 있는 동네 근처에도 양천 둘레길, 구로 올레길, 관악산 초록길이 촘촘하게 깔려 있다. 서울은 자치구마다 조성한 둘레길까지 더하면 우리나라 대표 둘레길 천국이다. 그래도 명산을 아우르는 둘레길은 북한산·도봉산을 휘감은 북한산 둘레길이다.

2010년부터 시작하여 71km, 21개 구간이 산과 마을을 이었다. 마땅히 주말여행 계획이 없거나 시간이 부족할 때라면 여유롭게 다녀올 수 있다. 5구간 명상길, 9구간 마실길, 10구간 내시

묘역길과 같은 부드러운 길이 있는가 하면, 제법 등산하는 기분이 나는 14구간 산너미길, 16구간 보루길은 건강을 챙기기 좋은 길이다. 우리 가까이 걷기 좋은 길이 있다면 일단 걷고 보자. 멀리 있는 명산에 대한 욕심을 잠시 접으면 더 좋은 길은 얼마든지 널렸다는 것을 알 수 있다.

[시간 남았네, 치악산 둘레길 어때?]

치악산 둘레길 1코스 꽃밭머리길(10.2km), 2코스 구룡길(7km)은 원주에 일 보러 내려가서 시간이 남았을 때 걷기 좋은 길이다. 시내와 연결되는 대중교통편이 그나마 편리한 곳이기에 마음만 먹으면 외지인들도 얼마든지 즐길 수 있다. 주말에는 치악산 둘레길 인기 명소 1코스는 당연히 시민들의 휴식처이다. 2코스는 숯가마터에서 계곡과 봉우리를 넘어서 구룡야영장으로 내려오는 산행 기분을 낼 수 있는 숲길, 걷는 시간이 1시간 넘게 오래 걸리지도 않았다.

치악산 둘레길은 다른 곳과 비교하면 다소 늦은 2019년 4월부터 차례대로 개통하여 2021년 5월에 11개 코스, 139.2㎞로 완성되었다. 명산 치악산 자락을 휘감아 걸으면서 이쪽 원주에서 산 너머 횡성군까지 치악산 구석구석 찾아가며 역사·문화·생태자원의 깊이를 느낄 수 있는 명품길이다. 그런데 둘레길에 단점이 있다면 처음에 타박타박 가벼운 마음으로 시작하여 전체 코스를 다 걷고 싶은 욕심이 생긴다는 점이다. 이런 욕심이라면 얼마든지 좋지 않을까?

치악산 둘레길 1코스 꽃밭머리길 입구

산을 지키는 / 사람들

 **자연의 분노, 숲이 불타고 있었다**

"문명 앞에는 숲이 있었고, 문명 뒤에는 사막이 남는다."

19세기 프랑스 낭만주의 작가 샤토 브리앙의 명언이다. 17세기 영국에서 시작된 산업혁명이 유럽 전역으로 퍼지면서 산림도 급격하게 황폐된 것을 두고 던진 경고다. 툭하면 발생하는 대형 산불, 2022년 3월 울진·삼척과 강릉·동해 초대형 산불의 악몽이 잊히는가 싶었는데, 2025년 봄에 경북 의성군과 경남 산청에서 일어난 초대형 산불로 온 나라가 시끄러웠다. 엄청난 면적의 산림 피해는 물론 안타까운 인명피해가 뒤따랐다.

인류의 문명은 숲의 역사와 함께했다. 세계 4대 문명의 발상지도 숲에서 시작되었으나 모두 사라지고 사막으로 변했다. 고대 국가의 건국 설화에서도 숲은 중요한 역할을 했다. 그러면 숲은 어디에 있는가.

산은 숲으로 이루어진 자연의 결정체다. 숲은 나라의 품격을 말하는 중요한 지표가 되기도 한다. 독일이나 핀란드, 일본, 캐나다 같은 선진국은 산림자원도 풍부하고 숲도 잘 보전되고 있다. 우리나라도 조선시대에 산림을 보호하려고 금표·금산·금송 정책을 폈다. 치악산 구룡사 황장금표, 설악산 인제 한계리 황장금표, 문경새제 산불됴심 등 산림자원을 보호하는 표지석을 여러 산에서 볼 수 있다. 일제강점기 때는 전쟁물자 조달로 소나무가 희생되고, 한국전쟁 때는 거의 모든 숲이 포화를 입어 초토화되었지만, 우리는 세계에서도 놀랄 만큼 빠르게 숲을 회복하였다.

'숲이 있어야 사람이 있다'는 말이 있다. 사람으로 인해서 그 숲이 피해를 보고 있는 안타까운 현실, 적극적이지 못한 관계 당국의 안일함은 산불만 나면 문제로 지적된다.

[응봉산 소나무, 안녕하십니까?]

2000년 4월에 강원도 고성에서 발생한 산불이 동해 삼척을 거쳐 울진까지 번졌다. 그런 충격적인 사건이 거의 잊었을 때, 2022년 3월에 다시 울진에서 대형 산불이 발생했다. 특히, 울진 응봉산을 다녀온 몇 년 뒤에 발생한 2022년 산불은 1986년 산림청 통계 이후 가장 오래 지속된 산불이라는 반갑지 않은 기록을 갈아 치웠다. 산불 때문에 울진 응봉산과 금강소나무 보존지역인 소광리가 걱정되었다. 훗날 방송에 나온, 새까맣게 탄 금강소나무와 숲은 처참한 광경이었다.

울진군에서 시작된 산불의 해당 지점 폐쇄회로 영상을 확보한 결과 인재로 밝혀졌다. 자연은 숲을 만들고 사람은 그 숲을 파괴하고 있으니 이것은 무슨 일인가. 응봉산뿐 아니라 우리나라 곳곳에서 크고 작은 산불은 해마다 반복되고 있다. 앞선 대형 산불을 거울삼아 같은 일이 반복되지 않는 예방책은 무엇보다 중요하다.

응봉산 금강소나무길

백두대간 한반도 등줄기에서 동쪽으로 갈라진 태백산맥, 높고 낮은 산 중에 응봉산은 강원도 삼척시와 경북 울진군을 경계로 한다. 출발지에 따라 삼척의 산, 울진으로 산으로 부른다. 응봉산은 높이 998.5m로 높이는 적당한데도 가파르고 매우 험한 악산이다. 훼손되지 않은 자연 생태 환경이 빼어나고 아름드리 금강소나무도 빼곡하다. 동쪽인 울진에 길이만 약 12㎞에 이르는 온정골에 달팽이관처럼 돌돌 말린 용소폭포와 용소, 덕구온천이 명소다. 등산과 온천욕의 동시에 즐기며, 동해안 여행도 즐길 수 있다.

삼척에서 출발하는 14km 길이의 용소골은 길이 험하고 위험해 1990년대만 해도 일반인은 들어갈 엄두를 내지 못한 난공불락 험로였다. 용소골은 정상까지 7시간이 넘게 걸리고 풍부한 암벽 경험과 장비가 요구되는 전문가 코스여서 울진 덕구온천 코스가 이상적이다. 산불 이후에 응봉산의 자연은 어떻게 모습일까, 그때 그 자리의 금강소나무는 안녕할까?

[불타는 가을 숲, 오대산 선재길]

오대산 상원사에서 출발하여 중대사자암, 비로봉을 거쳐 북대 미륵암 아래 임도로 따라 후다닥 상원사로 돌아왔다. 시절은 10

월 하고도 13일, 설악산 대청봉에서 10월 초에 시작한 단풍은 이미 오대산 능선마저 훑고 지난 뒤라 등산 중에 멋진 단풍 대신 앙상한 나뭇가지만 숱하게 보고 내려왔다. 상원사로 서둘러 내려온 이유는 오대산 선재길 단풍 때문이었다. 가을만 되면 숲이 불타고 있다는 생각이 드는 오대산 선재길은 울긋불긋, 노란색에 초록색까지 섞여 그림물감 팔레트를 펼친 듯하다.

가장 아름다운 산길, 오대산 선재길

10월 중순에 이미 찬 서리가 휘몰아쳐 단풍이 없는 정상 풍경과 너무나 달랐다. 존재만으로 감사함을 느끼는 숲은 오대산 선재길과 월정사 전나무숲길 두 군데가 있다. 명산 계곡을 다니면서 늘 감사한 마음이 드는 숲이 이곳만은 아닌데도 해마다 찾아

236

가서 걷는다. 전나무숲길은 1km 남짓의 짧은 산책로라서 남녀노소 누구나 걷기 좋은 길이다. 오대산 선재길은 월정사에서 상원사까지 오대천을 따라 낸 9km의 숲길로, 도보 약 3시간이 걸리는데 평탄하여 남녀노소 누구나 걷기 좋다. 불교에서 깨달음의 길을 떠난 선재동자의 여정을 상징해 조성한 길이다. 월정사에서 주관하는 명상 프로그램에 선재길 걷기도 있다.

오대천 건너에 산불이 이는 듯한 황홀한 단풍을 보면서 섶다리를 건넜다. 단풍 낙엽이 깔려 폭신폭신 숲길을 한참 걸으면서 오염되지 않은 오대천의 맑은 공기를 마음껏 들이켰다.

내가 사는 곳, 사방이 아파트 빌딩 숲인 도시에서는 상상할 수 없는 일이다. 담으로 둘러싼 서울의 고궁 숲에서 마시는 공기의 질과도 확실히 차이가 있다. 이때가 아니면 무려 365일을 기다려야만 다시 볼 풍경이라서 오랫동안 선재길 단풍 속에서 놀았다. 인공미가 전혀 가미되지 않는 천연의 숲, 오염이나 훼손되지 않은 삼림은 행복이다. 자연은 오로지 파괴하지 않는 사람에게만 숲이라는 축복을 선물한다. 오대산이라는 거대한 자연이 내린 가을 축복을 선재길에 그냥 두고 나오기 아쉬웠다. 부족하지만 그때 찍은 사진 덕분에 해마다 나의 가을도 단풍색으로 마음이 물든다.

오늘날 숲을 잘 가꾸고 보전하는 캐나다, 일본, 핀란드는 선진

국으로 불리지만, 숲이 망가진 아시아 내륙의 몽골, 아프리카 국가는 절망적이다. 숲과 삼림은 오늘날 국격의 기준이 되었다. 세계의 허파, 지구의 산소호흡기로 불리는 아마존의 숲. 아마존은 여자 전사들만 살던 데서 유래하였다. 활을 더 잘 쏘려고 방해가 된 한쪽 가슴을 잘라 없앴는데, 아마존은 '젖이 없는 여자'라는 뜻이다. 아마존 숲이 사라질 때마다 주변 국가의 자연재앙은 증가하였고, 세계의 고민이 되었다.

리우협약이 생겼다. 1992년 브라질 리우데자네이루에서 열린 유엔환경개발회의(UNCED)에서 채택된 국제 협약으로, 지구 온난화 방지와 지속 가능한 발전을 목표로 한다. 개발이라는 미명으로 아마존의 숲이 눈물을 흘릴 때, 지구는 재앙이라는 보복을 자연으로부터 돌려받고 있다. 산불을 예방하고 개발을 중단하고 숲을 보전해야 한다. 지금도 세계 곳곳에서 숲을 지키고 보전하는 사람들의 헌신을 계속된다. 우리는 숲과 자연을 후손들에게 온전하게 물려줄 큰 짐을 지고 있다. 우리가 지금 누리고 있는 자연은 후손들로부터 잠시 빌려 쓰는 것이라는 사실을 잊어서는 안 된다.

# 가지 말라는 길은 가지 않기로 했다

수천, 수만, 수억 년 동안 이루어진 산을 단 몇 시간, 단 하루만 경험하고도 그 산을 다 아는 것처럼 자랑하지나 않았던가? 상상도 할 수 없을 세월을 버티고 있는 명산, 그 세월 안에서 나는 겨우 점 하나도 찍을 수 없는 존재다.

찰나의 순간만 머물다가 나오는 아주 작은 존재다. 명산 앞에 서면 나는 매우 작고 나약해 보인다. 오랜 세월 동안 근엄하게 자리를 지키고 있는 산과 비교할 때, 겨우 100살도 살지 못할 인간이라는 존재는 무엇인가?

세월이 만든 위대한 자연의 걸작품 앞에서 미약한 우리는 최대한 겸손해야 한다. 그런데도 우리 인간은 산을 이겨서 기어코 발아래 두려고 얼마나 많은 수고를 하고 있는가? 산을 정복하고 얼마나 많은 자랑을 하고 다니는가? 얼마 전에 또 설악산 용아장성에 무단출입한 등산객의 추락사 뉴스가 있었다. 심심찮게 뉴스에 오르내리는 산악사고는 왜 발생하는 걸까? 인명사고를 막을 방법은 없는 걸까?

제주도 1100도로 휴게소에는 마음이 먹먹해지는 기념비 하나가 있다. 고상돈 등산가를 기리는 기념비다. 그는 1977년 대한민국 최초로 세계 최고봉 에베레스트(8,848m) 등정에 성공한 후

"더 오를 곳이 없다"는 소감을 남겼다. 그랬던 그가 미국 알래스카 매킨리(6,194m)를 등정하고 내려오다가 빙벽 사고로 목숨을 잃었다. 인류 최초로 산악 그랜드 슬램과 남극점·북극점을 탐험하여 전설이 된 박영석 씨 등 유명을 달리한 수많은 산악인이 갈망한 목표는 무엇이었을까? 이 순간에도 전 세계에서 고봉 등반과 극지 탐험은 계속되고 있다. 우리나라 명산도 예외가 아니다.

무엇이 좋아서, 무엇을 얻으려고 그렇게도 산에 매달려 힘을 쏟고 있는 걸까? 100대 명산 도전을 마치고 내가 얻은 것은 별것 없다. 있다면 가슴 뿌듯함 정도. 전 세계에는 수많은 전문 산악인과, 그들의 그림자를 밟는 일반인이 있다. 전문 산악인은 기념비적 기록을 남기려고, 일반인은 건강한 취미 활동으로 등산을 즐긴다. 우리가 전문 산악인이 아니라면 어렵게 등산로를 개척할 일도 없고, 험한 코스를 다닐 이유가 없다. 평범하게 다닐 수 있게 만든 등산로에서 안전하고 즐겁게 놀다 오면 그만이다. 가지 말라는 길은 가지 않는 것이 좋다는 말이다.

등산에는 즐거움과 경이로움을 주는 긍정적인 측면만 있는 게 아니고 동시에 산악사고의 위험도 따른다. 소방청의 산악사고 통계에 따르면 2023년 한 해 동안 발생한 산악사고는 10,807건으로 2022년 10,382건 대비 약 4.1% 증가했다. 우리나라는 해마다 10,000건 이상의 산악사고가 생긴다. 그중에 한 명, 나도 언젠가는 이 통계에 들어갈 수도 있다.

[구조 헬기가 날아다닌 마니산 능선]

　하늘의 기상과 땅의 정기를 담아 해마다 열리는 전국체육대회와 주요 행사 때 칠선녀가 모여 성화를 채화하는 강화도 마니산. 마니산의 해발 높이는 469.4m다. 이 산에 처음 오르는 사람이라면 낮은 산이라고 얕잡아보기 쉽다. 그러나 정수사에서 출발하면 전혀 예상하지 못한 칼날처럼 솟구친 암릉 때문에 무진 고생을 한다. 암릉 등산로 양쪽은 경사가 심한 절벽으로 이루어져서 가슴 철렁한 경험도 해야 한다. 대신, 능선에서 바다와 내륙 방향의 조망은 명산다운 경이로움을 지니고 있다. 자칫 경치에 매료되어 정신을 딴 데 두면 암릉에서 사고를 당할 수도 있어서 참성단 끝까지 안전하게 걸어야 한다.

겨울이 끝나고 봄이 가까워진 어느 해 3월에 마니산을 혼자 걷고 있었다. 등산로는 밤새 얼었다가 낮에 녹아서 흙이 질척거려서 등산화는 무겁고, 암릉은 그 진흙이 묻어서 미끄러운 시기다. 암릉 내리막 끝에 여성 등산객이 발목을 잡은 채 고통스러워하는 가운데 몇 사람이 둘러섰다. 미끄러운 암릉에서 넘어져 발목을 다쳤다. 마니산 참성단 중수비를 향해 걷던 중에 등 뒤에서 헬기가 날아오는 소리가 들렸다. 산악사고 통계에서 주요 유형은 부상(낙상 등) 45.5%, 조난(길 잃음 등) 26.5%, 질환(탈진탈수, 저체온증 등) 14.3% 등으로 나타났다. 낙상 사고의 주요 원인으로는 적절하지 않은 등산화 착용, 미끄러운 지형 등이 있다.

조난 사고는 주로 등산로를 잘못 선택하거나 가지 말아야 할 잘못된 길로 접어들어서 발생한다. 마니산뿐 아니라 수도권은 물론 전국의 산에서 구조헬기가 날아다니는 것을 가끔 보고 다녔다. 어떤 때는 119 대원이 들것을 들고 황급히 산으로 올라가는 모습을 보기도 했다. 우리나라는 해마다 두 차례 산불방지기간으로 정하여, 주요 명산과 국립공원의 등산로 일부를 출입 통제한다. 봄철은 2월 1일~5월 15일, 겨울철은 11월 1일~12월 15일까지이다. 기간이 길어서 해마다 반년 동안 등산로가 막히는 때에 몰래 등산으로 산악사고가 자주 발생한다. 가지 말라는 곳에 가고, 하지 말라는 일을 억지로 하면 꼭 탈이 난다.

한번은 비법정탐방로에서 몰래 빠져나오다가 적발되어 과태료를 부과하면서 국립공원 직원과 등산객이 서로 옥신각신하던 모습을 본 적도 있다. 최근 들어 SNS에 출입금지구역인 계룡산 국립공원 천황봉(천단), 금남정맥 등 비법정탐방로에서 찍은 인증사진이 자주 올라오자 특별단속을 시행하기도 했다. 자연공원법 제28조에 의해 출입이 금지되어 있으며, 적발 시 50만 원 이하의 과태료가 부과된다. 즐겁게 다녀야 할 산행에서 과태료 50만 원이라니!

가라고 만든 등산로에서도 경치를 조망하고 즐기는 데는 불편함이 별로 없다. 그런데도 2% 부족한 경치 구경에 욕심을 내서 가지 말아야 할 등산로에 들어서면 사고를 당할 확률은 높아진다. 가지 말아야 할 등산로 대부분은 여러 가지 이유로 출입을 제한한 비법정탐방로이다. 우리나라는 전국의 산에 위험한 곳과 자연생태 보호 목적으로 비법정탐방로를 정하여 등산객의 출입을 엄격히 통제한다. 그런데도 꼭 청개구리 같은 등산객이 한둘은 있다. 어떻게든 험지 등산로를 이용하여 정상을 정복하여 자랑질할 욕심으로 선을 넘는다. 가지 말라는 길로 들었다가 생명이 오락가락하는 큰 위험을 당하는 이유가 여기에 있다. 멀리서 볼 만한 산은 바라보는 것으로 족하고, 다니면 안 되는 길은 돌아서 가면 행복한 산행을 보장받는다. 자연의 뜻으로 오랜 세월에 걸쳐 만들어진 명산에서 지킬 것만 잘 따르면 명산으로서의 가치가 더욱 돋보인다. 그때 마니산에서 사고를 당한 등산객은 지금 어떻게 되었을까? 비법정탐방로에 들어갔다가 50만 원 과태료를 낸 등산객은 어떻게 산을 다니고 있을까?

경이로운 자연 속에서 하나의 미약한 존재인 우리는 가지 말라고 하는 길을 가지 말아야 한다. 비록 길이 산에 있든, 인생 앞에 놓여 있는 선택의 길이든 말이다. 정도를 걷는 일이 불편하고 더딜 수 있다. 그렇다고 가지 말아야 할 샛길로 들어선다면 산에서는 과태료 50만 원이지만, 인생에서는 가늠할 수 없는 참담한 손해가 닥치기 때문이다. 가지 말라고 하는 길은 가지 않기로 했다. 그게 오히려 인생을 즐겁고 행복하게 사는 길이다.

 ## 명산을 지키는 사람은 따로 있었다

"봉투에 담을 쓰레기가 보이지 않아서 그린포인트 쌓기 힘들겠어요."

설악산국립공원 대승폭포 등산로에서 설악산생태탐방원 줍줍 캠페인에 참가할 때였다. 줍줍캠페인은 쓰레기를 줍고 줍는다는 뜻을 담은 환경 정화 활동 캠페인이다. 이름처럼 간단한 행동인 쓰레기 줍기를 통해 환경 보호에 동참하자는 취지로 시작되었다. 길거리, 공원, 산, 해변 등 장소를 가리지 않고 쓰레기를 줍는 활동으로 환경부가 주관하기도 했다.

우리나라의 산과 공원, 고속도로에서 어느 날 갑자기 쓰레기가 보이지 않을 정도로 깨끗해진 모습에 놀랐다. 1990년대는 물론이고 2000년대 중반까지만 해도 등산로는 물론 쉼터 주변 수풀에 몰래 버린 쓰레기 더미를 보는 것은 흔한 일이었다. 하다 못해 바위틈, 나무 구멍, 성벽에 어렵게 쑤셔 넣은 쓰레기도 있었다. 기분 좋게 산행을 나갔다가 몹쓸 쓰레기 때문에 기분을 잡치고 돌아오기까지 했다. 이래서는 안 되겠다 싶어서 정부와 각 지자체는 물론 공공기관까지 나서서 쓰레기 치우기를 지속적으로 실시했다. 1990년에는 지리산 세석평전에서 큰 쓰레기 자루를 매단 헬기가 연신 오르내리던 모습을 본 적도 있다.

엄청난 쓰레기가 전국의 명산에서 치워지면서 일반인의 인식도 크게 변했다. 자기가 가져간 것 되가져 오기, 배낭 무게 줄이기, 국립공원 도시락 서비스, 일회용품 사용 줄이기 등 누구나 동참할 수 있는 캠페인의 효과도 있었다. 내가 좋아서 다니는 등산, 내가 더럽혀서는 안 된다. 나부터, 작은 일부터 실천하면 자연은 우리에게 상을 준다. 맑은 공기, 싱싱한 나물, 튼실한 열매가 열리고, 산에서 떠난 동물과 새도 돌아온다.

1992년 브라질 리우환경회의는 기후변화에 관한 유엔기본협약(UNFCCC)을 체결하였다. 목표는 지구 온난화를 막으려고 온실가스를 안정화하는 것이다. 연이어 교토의정서(1997년), 파리협정(2015년)이 뒤따랐다. 오늘날에는 탄소 중립이라는 말을 자주 듣는다. 전기에너지 절약, 대중교통 이용, 친환경 소비 생활, 쓰레기 줄이기 등 간단히 참여할 수 있는 일들이다. 음식물, 일회용품을 줄이고 도보나 자전거를 자주 타고 다녀도 탄소 중립을 실천할 수 있다. 탄소 중립 개념이 등장한 뒤에 나도 자연스럽게 괜찮은 습관이 늘었다. 등산 갈 때면 배낭 무게를 줄이는 습관인데, 거기에는 일회용 도시락을 넣지 않는 것, 내가 쓰고 남은 쓰레기는 반드시 되가져 오는 것이다. 등산로에 보기 싫을 정도로 널브러진 플라스틱 물병, 간식 봉지를 주워 담는 것도 실천하는 행동이 되었다. 작아 보이는 실천이 사람들의 행동으로 쌓이고 쌓일 때 명산을 지키고, 깨끗하게 가꾸는 탄소 중립의 근원이 되고도 남는다.

천제단에서 바라본 태백산의 설원

요즘은 태백산 천제단 올라가는 등산로 사정이 어떨까? 2021년 8월에 태백산 당골광장에서 출발하여 반재, 용정을 지나 천제단까지 등산했을 때다. 배낭에 국립공원공단 반달이 가방걸이와 그린포인트 자루를 매달았다. 오르내리면서 쓰레기 하나라도 주워서 포인트라고 쌓아보자는 생각이었다. 국립공원 그린포인트 적립제도는 2010년부터 시작하여 2022년 6월까지 지속되었다. 국립공원 내 쓰레기 저감 및 자기 쓰레기는 자기가 처리하는 문화를 조성하려고 실행한 제도로 많은 참여와 성과를 이루었다. 등산하면서 건강도 챙기고, 쓰레기를 모아서 쌓은 포인트로 국립공원에서 필요한 물품도 구매할 수 있었으니 이보다 유익한 일이 또 어디 있을까! 무엇보다 중요한 것은 자연환경을 깨끗하게 유지하는 일에 동참한다는 것이다.

태백산 당골계곡, 물이 풍부한 여름철에는 계곡 등산로에서 우렁찬 물소리를 가까이 들으면서 시원하게 등산할 수 있다. 태백산 정상에서 소도동 쪽으로 뻗어내린 계곡으로 망경사 용왕각에서 발원한 물과 여러 골짜기에서 나온 물이 합쳐져 흘러내린다. 계곡 이름이 '당골' 인 것은 전에는 수많은 당집이 들어서서 이 지역 무속의 근거지가 되어서이다. 지금은 단군성전과 정상 아래 망경사 절 정도만 보일 뿐이다. 당골광장 등산로 입구에서 천제단까지 거리는 4.2km, 중간에 있는 반재 쉼터까지 계곡을 따라 원시림처럼 나무가 빼곡한 천연 숲을 걷는다. 등산로 입구에 뜬금없는 한 쌍의 석장승을 지나서 한동안 기분 좋게 걸었다.

계곡이 문수봉 방향과 양쪽으로 갈리고 폭이 점점 좁아지는 당골 2교부터 반재까지는 예상 밖으로 빡센 오르막길이다. 깔딱 깔딱 계단을 벗어나서 조금 올라가면 평평한 수풀 안으로 둥글게 쌓은 돌무지 하나가 시선을 끈다. 안내판에 가까이 다가서면 '호식총' 이라고 적혀 있고, 산속에서 호랑이에게 화를 입고 죽은 사람의 유해를 거둬 만든 무덤이란다. 비록 이것이 모형이긴 해도, 지나다닌 등산객이 그랬던지 호식총에 잠든 이의 영혼에 달래려고 사탕 몇 개를 돌무지 앞에 가지런하게 놓아두었다. 호식총에서 반재까지 다시 오르막길, 팍팍한 발걸음을 무겁게 옮기고 나서 반재 쉼터에 도착했다. 쉼터헤는 간식을 먹고 있는 두 사람만 있을 뿐 고요하고 한적했다. 반재는 당골계곡과 백단사에서 숨을 할딱거리며 올라오는 등산객이 쉬었다가 정상으로 가는 중간 길목이다. 나도 배낭과 카메라를 내려놓고 시원한 생수로 숨 가쁜 갈증을 해소했다.

쉼터 주변은 가벼운 티끌 하나 없을 정도로 깨끗함에 놀랐다. 산과 들, 해변의 자연공원 쉼터 주변에 널브러져 있는 온갖 쓰레기에 눈살을 찌푸리는 일이 당연한 것으로 알고 있기 때문이다. '그린포인트 자루를 무엇으로 채우나?' 자리를 털고 일어서서 망경사에 닿자마자 용정에 솟구쳐 나온 시원한 샘물을 한 바가지 마시고 곧장 정상으로 출발했다. 망경사, 용정, 단종비각은 내려오면서 볼 생각이었다.

태백산 정상은 어느 것일까? 처음 오는 등산객은 큰 글씨로 적힌 '太白山'과 '장군봉' 표지석 때문에 헷갈린다. 장군봉이 태백산 최고봉이고 태백산은 근소한 높이로 두 번째 높은 봉우리다. 어느 봉우리든 태백산 정상을 나누어도 큰 의미가 없는 것 같다. 다만 천제단은 세 봉우리를 모두 포함하여, 큰 글씨 太白山에 있는 천왕단을 중심으로 북쪽의 장군단, 남쪽의 하단 등 세 개의 단으로 구성되어 있다. 고대 단군조선 시대부터 제단을 쌓았다고 하며, 특히 신라에서는 태백산을 삼산오악 중 북악으로 여기고 제사를 올린 것을 《삼국사기》 등에 기록으로 남겼다. 한때는 천제단 주변으로 수많은 쓰레기와 잡동사니가 굴러다녔던 시절이 있었다고 하던데, 오늘날은 그런 것을 볼 수가 없다.

역사적으로는 조선시대에 소나무 벌목을 금지하던 '금산' 과 '봉산' 제도가 21세기 오늘날에 깨끗한 자연환경이라는 결과를 낳게 한 것이다. 1978년에 대한민국 정부가 선포한 '자연보호 헌장' 에 발맞춰 온 국민이 행동으로 옮긴 결실이기도 하다. 태백산 산신령이 된 단종을 위로하려고 1955년에 망경사 박묵암 스님이 세운 단종비각으로 거쳐 망경사로 내려왔다. 집으로 가져갈 용정 샘물도 물통에 가득 채웠다. '혹시 이 샘물을 마시면 우리 가족에게 좋은 일이 생기지는 않을까?' 내심 기대해본다.

망경사는 비록 번듯한 모습은 아니라도 설악산 봉정암과 치악산 상원사와 함께 하늘과 가까운 높은 곳에 지은 절이다. 망경사에서 파는 커피 한 잔을 받아 마시면서 처사님과 이야기도 나눴다. 그러던 중에 그분이 내 배낭에 매달려 있는 국립공원 그린포인트 자루를 보더니 "어허! 쓰레기 자루가 어찌 그렇게 홀

쭉합니까? 망경사 잡동사니라도 몇 담아 드릴까요?” 하신다.

놀라웠다! 어느 날 갑자기 우리나라 명산과 자연공원에 쓰레기가 보이지 않을 정도로 깨끗해진 사실에 놀랐다. 명산을 가꾸고 지키는 사람이 따로 있던 것이 아니고, 바로 우리나라 국민이었다.

 ## 그래도 아직은 산행이 정답이다

등산은 아주 오랜 세월 내려오는 가장 확실한 운동이다. 오늘날은 다양한 여가 활동과 운동 프로그램이 차고 넘친다. 덩달아 현대의 여가 활동과 운동 프로그램은 편리한 디지털 혁명과 손을 잡았다. 그렇다고 해도 모든 사람에게 편리하지 않다는 것은 ‘디지털 문맹’ 이라는 신조어를 탄생시켰다. 아날로그를 당연한 것으로 여겼던 고령층에게는 삶이 충격적으로 변했다. 디지털 리터러시(digital literacy)가 부족하여 컴퓨터, 스마트폰, 인터넷 등의 디지털 기기를 제대로 사용하지 못한다.

나는 그나마 반도체를 만드는 대기업에서 무역 업무를 한 덕분에 디지털 기기는 늘 곁에 두고 살아서 디지털 문맹은 면할 수 있었다. 온라인 서비스로 정부 민원, 금융, 쇼핑까지 척척 한다. 여행과 산행 계획을 꼼꼼하게 수립하거나, 가족 외식 때도 키오스크 사용에 전혀 불편함을 느끼지 않는다. 비슷한 연령대에서도 디지털 기기 사용에 애를 먹는 경우가 있는데, 그것은 기술 변화 속도가 빨라져서 따라가지 못하는 이유에서다. 그래도 산행은 아날로그 방식이 가장 많이 남은 보편적인 운동이다.

등산은 복잡한 디지털 기기가 필요하지 않은 운동이다. 겨우 디지털시계나 스마트폰 정도만 있으면 될 정도여서 복잡하게 기계를 다룰 번거로움도 없다. 캠핑처럼 고가의 장비를 살 일도 없다. 배낭 하나, 물통 한 병, 적당한 옷과 신발만 있으면 누구나 가까운 산에 다닐 수 있다. 경제적으로 부담 없고, 신체적으로도 가벼운 운동이다.

"Simplicity is the ultimate sophistication."

레오나르도 다빈치가 말한대로 단순함이야말로 최고의 세련됨이다. '짐을 덜어낼수록 인생이 가벼워진다' 는 말처럼 등산은 복잡한 디지털 세상에서 잠시라도 벗어날 수 있게 한다.

"여기서는 잠시 휴대폰을 꺼 두셔도 좋습니다."

어떤 광고에 나온 유명한 말이다.

우리는 현재 디지털 문명의 홍수 속에 빠져 살고 있다. 오늘 내가 디지털 기기를 만지작거린 시간은 몇 시간이나 될까. 월정사 오대산자연명상마을(OMV)에서 하루 묵은 적이 있다. 이곳에서는 인터넷부터 스마트폰 사용을 전혀 하지 않고, 오로지 자연인으로 명상을 하는 디지털 디톡스 숙소에서 지낸다. 디지털 디톡스(digital detox)란 디지털 장치의 사용을 자발적으로 제한하거나 중단하는 기간을 의미한다. 등산할 때 우리는 디지털 기기를 사용할 시간은 거의 없다. 자연을 즐기면서 걷는 것에만 집중하게 되고, 낑낑거리면서 바위를 타고 올라가는데 디지털 기기는 무슨? 자연스럽게 디지털 디톡스를 접하니 신체 건강은 물론 정신 건강까지 좋아진다는 점이 등산의 매력이다.

[글자 없는 백비가 있는 파주 감악산]

숱한 역사 이야기를 품은 감악산

햇볕 따스한 5월 봄날, 경기 오악 파주 감악산 정상에서 내려오던 범륜사 묵은 밭에서 어르신 한 분과 마주쳤다. 요즘 시대에 유행하는 흔한 기능성 소재의 등산복도 등산화도 아닌 그야말로 옛날식 차림이다. 그 흔한 등산스틱 대신에 등산로 어디에서 구했던지 나무 막대기를 쥐고 있다. 요즘 시대에 어울리지 않을 초라한 채비였어도 이미 오랜 세월 동안 본인의 습관에 익숙한 것이라서 전혀 불편하지 않은 듯했다. 그것을 바라보는 요즘 시대의 내 시선이 이상했을 수도 있다.

감악산 등산. 오랜만에 양주시 남면에 있는 신암저수지 시골길에서 출발하여 정상에서 범륜사로 내려오기로 했다. 시간도 넉넉하여서 편한 자가용을 두고 의정부역에서 버스를 이용하기로 했다. 산 밑으로 가는 시골길 분위기가 좋아서 때로는 아날로그식으로 버스 타고 당일치기로 다녀오기에 좋은 산이다. 2016년도에 개통한 감악산 출렁다리 덕분에 주말과 휴일에는 경의중앙선 금촌역에서 적성면 감악산 출렁다리까지 2층 버스도 다닌다. 무엇이든 서울만 벗어나면 오랜만에 시골로 여행을 떠나는 기분이 들어서 기분이 좋아진다. 등산으로 정상까지 올라가서 임진강과 북한의 개성까지 경치를 구경하는 것이 이상적이다.

등산이 어렵다면 전국에 출렁다리 열풍을 일으킨 150m 길이의 산악형 감악산 출렁다리만 걷고 와도 좋다. 내가 가끔 이용하는 신암저수지 등산코스는 등산객이 많은 은계폭포·범륜사 코스보다 한적하여 더욱 시골길 분위기를 느낄 수 있다. 올라가는 등산로에서 감악산을 배경으로 살던 주민들의 흔적인 숯가마터와 발복 소원하던 신암사 절터도 있다. 능선에서는 혈기 왕성한 기운이 뻗친 듯한 날카로운 암릉지대도 만난다. 더구나 정상보다 조금 높은 임꺽정봉 주변에서는 범상한 기운마저 느껴진다. 조선시대 3대 의적의 한 명인 임꺽정이 양주 불곡산 언저리 마을에서 태어나서 명종 임금 때에 파주 감악산, 개성 구월산 등지에서 활동할 때는 감악산에도 산채를 두었다고 한다.

임꺽정봉의 조망은 경기도 양주시와 의정부시 방향으로 막힘없이 탁 트인 경치가 일품이다. 임꺽정봉에서 조금 더 가면 곧 정상, 예상 밖으로 평지이다. 정상에는 돌로 쌓은 단 위에 비석이 하나 있다. 언뜻 북한산 비봉에 있는 신라 진흥왕순수비와 몹시 닮았다는 생각이 든다. 감악산은 신라시대부터 무속 신앙에서 영산으로 여겨 국가 제사의 하나인 소사, 즉 명산대천제(산천신) 등 자연신에 대한 제사로, 국가의 안녕과 풍요를 기원하였던 곳이라고 한다. 군사적 요충지이기도 했다.

감악산 산신제는 조선 《태조실록》, 《세종실록》에도 등장할 정도로 감악산이 영산임을 입증하고 있다. 감악산비의 글자는 오랜 세월 비바람에 거의 닳아 없어졌기 때문에 무슨 내용인지 알 길이 없는 백비 상태가 되었다. 하지만 감악산비가 삼국시대에 세운 비석임은 거의 확실하다고 한다.

북한산순수비와 형태가 비슷하다 하여 진흥왕순수비라고 보는 설, 진평왕의 순수비라는 설, 그리고 당나라 장수 설인귀가 감악산에서 태어났다는 전설을 근거로 설인귀비라고 주장하는 설이 있다. 2019년 9월에는 이 비석의 몇 글자가 해독되었는데, 광(光), 벌(伐), 인(人) 등 글자들이 확인되어, 영토 정벌 후 세운 신라 진흥왕순수비일 가능성이 크다는 것이다.

감악산은 화악산, 송악산, 관악산, 운악산과 더불어 경기 5악의 하나로 높이는 해발 675m인 100대 명산이다. 일반적으로 많은 등산객이 다니는 범륜사 출렁다리 코스보다 훨씬 조망이 좋고, 시골 풍경과 함께 적당하게 암릉미를 느낄 만한 신암저수지 코스도 인기를 끌고 있다.

신암사지로 올라가서 장군봉부터 임꺽정봉까지 멋진 암릉미를 즐기고 선일재를 거쳐 처음의 저수지로 돌아온다. 아찔하면서도 날카롭게 깎아지른 절벽에서 '하늘길데크' 잔도길도 걷는다. KBS송신소만 없다면 정상의 조망은 더욱 좋았을 것이라는 아쉬움도 있다.

북쪽 방면으로 가을이면 황금색 들판의 임진강 건너편으로 휴전선 일대가, 날이 맑으면 개성시의 송악산까지도 어렴풋이 보이곤 한다. 날씨가 아주 좋은 날은 금강산 비로봉까지 보인다고 하였는데, 어느 봉우리인지는 가늠하기가 쉽지 않았다.

가끔 이 산에서 아날로그식 등산 채비의 등산객을 만나기도 했다. 바쁘게, 빠르게 살아가는 요즘 세상에서 얼마나 추억어린 모습이던가? 자연스러운 아날로그 시대로의 회귀, 내가 정신적으로 건강하게 사는 이유인 것 같다. 그래서 다양한 여가 활동과 운동 프로그램이 있어도 여전히 산행이 정답인 것 같다.

우리 산의 매력, 산행의 즐거움

_ 산행, 100배로 즐기는 이모저모

그리움으로 물드는 주왕산의 가을

우리 산의 봄, 여름, 가을 그리고 겨울

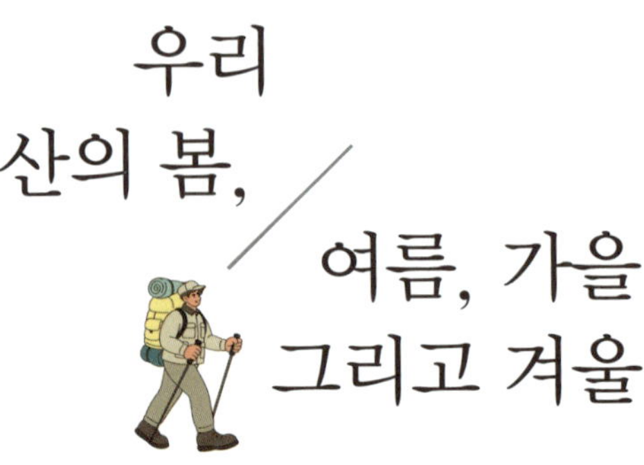

 진달래 꽃동산, 봄산

우리나라에서 가장 먼저 봄소식을 전하는 곳은 제주도나 남해안이다. 그렇지만 제주도에서 유일한 명산 한라산에서 봄 풍경을 만끽한다는 것은 시기상조다. 등고선의 높낮이 때문이다. 명산 기준으로는 고흥 팔영산, 장흥 천관산이나 홍도 깃대봉에서 야생화가 피었다는 소식으로 봄이 시작된다. 겨우내 땅속에서 숨을 죽이고 있던 씨앗과 뿌리는 변산바람꽃, 복수초, 노루귀 같은, 봄의 전령사라고 불리는 꽃을 틔운다.

3월부터는 생강나무꽃, 히어리꽃이 피기 시작하더니 4월에는 온산 가득 산벚꽃이 장관을 이룬다. 진달래와 철쭉꽃이 본격적으로 피기 시작하면 몸도 마음도 바쁘다. 몸은 하나인데 걷고 싶은 산은 우리나라 곳곳으로 널려 있으므로 산행 일정을 어떻게 짜야 하나, 주말 날씨는 어떨까, 즐거운 걱정이 태산처럼 높아만 간다. 봄은 소리 없이 우리 곁으로 왔다가 눈 깜짝할 사이에 떠나간다. 올봄에 철쭉 명산으로 가지 못한다면 꼬박 365일을 기다려야 한다. 봄은 예쁜 계절의 시작이고 산행하기에 좋은 계절이기 때문에 마음속에 새싹이 돋고, 꽃이 핀다. 가장 가고 싶은 제철 산행지로 즐겁게 떠나보자.

[봄에 가면 더 멋진 산]

산청 황매산, 지리산 바래봉, 지리산 세석평전, 홍천 팔봉산, 홍천 공작산, 창원 무학산, 무등산국립공원 안양산, 부안 내변산.

봄이 왔다고 무턱대고 얇은 옷 하나 정도만 챙겨서 나선다면 백발백중 고생이다.

봄이라고 해도 우리나라 산은 아침, 점심, 저녁으로 날씨가 변화무쌍하다. 봄이 왔으나 봄이 아닌 듯한 애매한 기온 때문에 보온성이 뛰어난 바람막이와 여벌의 긴소매 옷은 반드시 배낭에 넣어 다닌다. 2월 말부터 3월 중순까지 해발 1,000m가 넘는 산에서는 응달진 곳으로 빙판이 숨어있기 때문에 아이젠과 장갑도 꼭 챙겨 넣어야 한다. 4월 중순부터는 반팔 소매의 셔츠를 여벌로 챙겨 다니도록 하자.

계곡의 낭만, 여름산

업무에 시달리고 무더위에 지친 일상에서 삶의 여유를 찾으려고 여행을 떠나는 여름 휴가철! 요새는 외국 휴양지에서 푸른빛 물빛과 새하얀 모래사장, 작열하는 태양, 귓가를 간질이는 파도소리에 몸과 마음을 팽개치고 휴식하면 마음이 뻥 뚫리는 듯 시원하다. 여름 휴가를 보내는 방법이 제각각이지만 산과 계곡,

바다 휴양지는 영원불변의 진리이다.

　그중에는 땀을 뻘뻘 흘리면서 산행을 즐기고 한적한 계곡에서 캠핑과 물놀이를 즐기는 마니아층도 상당하다. 아주 멋진 휴가를 보낼 수 있다. 다만, 여름철에는 복병이 있다. 장마철이 닥치고 집중호우와 태풍이 전국을 뒤흔든다. 우리나라 장마는 6월 후반부터 7월 후반에 걸쳐 위아래로 장마전선이 자리한다. 이 기간을 포함한 여름철 강수량이 연간 강수량의 50~60%를 차지한다. 아름드리나무가 맥없이 쓰러지고, 계곡 등산로는 홍수가 나고, 멀쩡한 날씨에 갑자기 비를 쫄딱 맞을 수도 있다. 장마와 태풍에서 벗어나서 어서 산으로 갈 수 있는 날을 기다려 보자!

[여름에 가면 더 멋진 산]

인제 방태산 아침가리, 양평 유명산, 과천 관악산, 문경 대야산, 제천 월악산 용하 야영장, 속리산국립공원 화양동계곡, 포항 내연산.

[여름 등산 채비]

우리나라의 여름은 끈적끈적하고 습하고 후텁지근하다. 민소매를 입든, 반바지를 입든 가벼운 옷차림은 여름철 산행에서 당연한 채비이다. 이때는 태양을 피하는 지혜로운 모든 방법을 동원해야 한다.

등산 한 번으로 까마귀처럼 새카맣게 되거나, 대중교통 안에서 몸에서 쉰내를 풍기는 민폐를 피해야 한다. 특히 피부가 고운 여성이라면 기미나 주근깨 등 잡티도 걱정해야 한다.

통풍이 잘되는 챙 넓은 모자, 선크림, 양산, 토시 등 햇빛을 가릴 수 있는 각종 아이템 준비는 필수! 더위를 식힐 휴대용 선풍기, 성가신 초파리 퇴치용 스프레이, 해충 기피제도 꼭 챙겨야 할 아이템이다. 7~8월은 비가 자주 오므로 우비와 여벌 옷을 챙기는 것은 두말하면 잔소리!

오색단풍의 초대, 가을산

가을, 말만 들어도 온몸이 울긋불긋 단풍으로 물드는 듯한 기분이 든다. 산행 키워드 중에 '단풍, 황홀경'을 직접 경험하기 위해서라도 부지런히 돌아다닐 일정을 짜야 하는 시절이다. 우리나라 명산 중에 가을에 꼭 가봐야 할 주제는 억새 산행과 단풍 산행이다. 단풍은 모든 산에서 즐길 수 있다. 그래도 꼭 다녀와야 할 곳이라면 주왕산 절골, 오대산 선재길, 소요산, 내장산 단풍을 손꼽을 수 있다.

단풍보다 늦은 시기까지 즐길 수 있는 것은 은빛 물결이 출렁이는 듯한 억새밭이다. 가까운 곳에서 몇 가닥 억새를 볼 수도 있지만 엄청나게 넓은 면적을 가득 채운 억새 구경은 장관이다. 높은 곳까지 발품을 팔아야 하는 수고로움은 광활한 억새밭을 보는 순간에 시원하게 날아간다. 천관산 억새능선, 화왕산 억새밭, 명성산 억새 축제, 황매산 황매평전, 지리산 세석평전, 장안산 억새밭 정도는 꼭 기억해둘 억새 산행 명소다.

[가을에 가면 더 멋진 산]

청송 주왕산 절골, 평창 오대산 선재길, 포천 소요산, 정읍 내장산, 장흥 천관산, 창녕 화왕산, 포천 명성산, 장수 장안산, 울주 신불산.

[가을 등산 채비]

가을도 봄과 같이 우리 곁에 머무는 기간은 상당히 짧다. 설악산 대청봉에 단풍이 시작되었다는 뉴스를 듣고 우물쭈물하는 사이에 휙 하고 낙엽이 흩날리면 아쉽게도 가을은 끝이다. 여름철에 그렇게도 길었던 해는 점점 짧아지고 중산간 이상 오르내리면 아침저녁으로 한기를 느끼게 된다. 바람막이, 랜턴을 다시 꺼내야 하고 스패츠를 착용하여 뱀과 해충으로부터 몸을 보호

해야 한다. 특히, 벌이 달려드는 시기에는 향기를 풍기는 화장을 피하는 것도 중요하다.

 ## 순백의 눈꽃 향연, 겨울산

남부 지방의 산은 겨울에도 포근한 편이지만 바람이 거세다. 중부, 북부 지방으로 올라갈수록 산의 높낮이와 무관하게 한겨울에는 혹독한 영하의 기온에 찬 바람이 불어댄다. 특히 소백산 비로봉 칼바람은 바람이 등 떠미는 게 무엇인지 몸소 체험하게 된다.

우리나라 겨울에는 눈 덮인 하얀 산이 단연 최고! 눈 내린 지 얼마 안 된 산을 걸을 수 있다면 당신은 운이 좋은 사람! 어느 산에서나 눈이 소복이 내려앉아 눈꽃 핀 정상의 풍경, 이보다 더 아름다운 설경은 없다. 바람이 밤새 만들어 놓은 상고대와 파란 하늘, 아무도 밟지 않은 등산로에서 하얀 입김을 뿜으면서 걷는 기분이란! 어린애인 양 신이 나서 하얀 눈밭을 뒹굴며 동심에 젖어 들고 싶어지는 겨울. 진짜 산행을 아는 사람들은 '눈 산행이 진리' 라고 입을 모은다.

[겨울에 가면 더 멋진 산]

제주 한라산, 평창 계방산, 영동 민주지산, 원주 치악산, 진안 운장산, 무주 덕유산.

[겨울 등산 채비]

겨울은 바람과의 싸움을 피할 수 없다. 등고선을 높이면서 정상으로 가면 능선에서는 더욱 차가운 바람과 맞서게 된다. 두툼한 바람막이나 점퍼 등 바람에 강한 기능성 의류를 택하고 각자 필요한 보온 장구를 충분히 챙긴다. 겨울에는 12월 15일부터 이듬해 5월까지 두 차례에 걸쳐 산불방지기간이 있어서 주요 등산로가 폐쇄된다. 걷고 싶어도 걸을 수 없는 등산로가 있기 때문에 산행 일정을 짤 때 꼼꼼하게 확인하는 것이 필요하다.

대체로 겨울철에는 목이 긴 스패츠, 아이젠, 스틱, 넥워머, 방한 장갑은 필수 아이템이다. 체온 유지를 위한 간식이나 따뜻한 음료, 조난 사고를 대비한 랜턴 등도 유용하다.

준비한 만큼 / 더 즐거운 산행

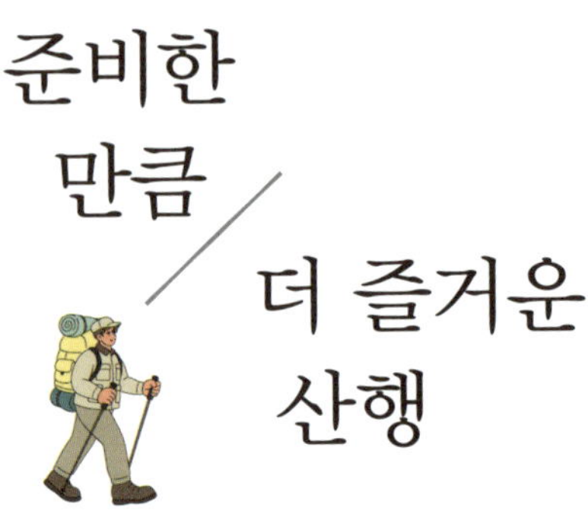

이런 당신에겐 산행이 완전 대박!

살아감에 있어서 취미와 관심사를 빼고 이야기할 수는 없을 것이다. 혼자 즐기면서 만족할 취미를 갖고 싶은 사람과 산행에 눈을 뜬 등린이, 평소 등산에 대한 마음이 있어도 시간이 부족하거나 막상 나서가 두려운 열심히 일하는 직장인, 정말 열심히 일했던 은퇴자, 여행과 맛을 추구하는 여행자, 잃어버린 여유를 찾는 이, 느림의 미학을 아는 이, 특히 저질 체력을 지닌 이들에게 산행은 완전히 멋진 일이다.

[휴식을 갈망하는 그대]

자고 나면 출근, 숨차게 일하고 축 늘어져 돌아온 집. 다람쥐

쳇바퀴 돌듯 반복되는 일상에 지친 그대, 콧구멍에 신선한 바람을 불어넣지 않는다면 도저히 살맛이 나지 않는다. 어디 눈앞에 탁 트인 엄청난 풍경을 보면서 큰소리라도 한 번 질러야 살 수 있을 것 같다. 갑갑한 일상에 쉼과 건강이라는 점 하나를 찍고 싶을 때 무작정 산으로 들자. 쉬엄쉬엄 걷고 오르다 보면 완전히 달라진 몸과 마음을 느낄 수 있다.

[잃어버린 여유를 찾는 그대]

남 이야기 같던 은퇴자라는 단어와 친구 하게 되는 날이 어느 날 갑자기 현실이 된다. 은퇴 뒤의 일을 미리 준비했든 그렇지 않든 주어지는 시간은 여유롭다. 직장인으로 살 때는 시간이 없어서 산행·여행은 늘 그림의 떡이었다.

이제는 달라진다. "여유를 찾고 싶다면 먼저 여행을 다녀오라"는 조언을 따를 기회가 주어진 것이다. 직장 생활과 맞바꾼 소중한 여유를 되찾고, 어떤 삶을 살 것인지 인생 설계를 준비할 수 있다. 걷고 또 걷다 보면 살아왔던 길이 보이기도 하고, 은퇴 후에 살아갈 길을 찾을 수도 있다.

[등린이의 로망, 명산 정복]

　등린이. 산만 보아도 가슴이 콩닥거리는, 이제 막 등산을 시작한 사람이다. 당신이 MZ거나 적당한 중년이거나, 한 번쯤 수많은 명산 정복에 욕심을 가져볼 만하다. 산은 모든 사람 앞에 공평하지만, 의욕만으로는 쉽게 정복할 수 없다. 특히 등린이라면 목표를 정하고 타박타박 걸으면서 즐기는 산행의 지혜로움을 얻을 수 있다.

[저질 체력, 산행이 두려운 그대]

　내가 사원 시절이던 때 과장님이 "내려올 산을 왜 올라가?"라고 자주 말했다. 사실 우리는 태어나면서 엄청난 체력을 지니고 있던 것은 아니다. 보통은 나이를 먹으면서 평균 이상의 체력가로 성장한다. 반면에 그렇지 않은 사람들은 장롱 속 운전면허증처럼 몸을 너무 아낀 바람에 저질 체력이 되어서 어디 가자면 덜컥 겁이 나기도 한다. 산행이 두려운 저질 체력도 차곡차곡 자기 몸에 맞는 산길을 걷다 보면 어느새 강철 체력으로 변하게 된다.

[여행과 맛을 추구하는 그대]

죽을힘을 다해서 겨우 산 정상만 찍고 미련 없이 집으로 되돌아오는 짓은 멋대가리라고는 전혀 없는 산행이다. 굳이 정상까지 올라가지 않고 언저리 둘레길, 올레길만 걸어도 될 일이다. 명산이 명산이라고 불리는 데는 다 그럴 만한 사연이 있다. 여행과 맛을 추구하는 당신이라면 적당한 산행 뒤에 근처의 명소와 맛있는 향토음식을 즐기는 여유를 누릴 수 있다. 그런 여행은 반드시 삶에 긍정 에너지가 된다.

[느림의 미학을 아는 그대]

험하고 높은 산을 몇 시간 만에 다녀왔다고 자랑할 일은 못 된다. 명산 도전 목표를 1~2년 만에 달성했다고 누가 목에 금메달을 걸어주지도 않는다. 타박타박, 느릿느릿, 쉬엄쉬엄 걷는 느림의 미학이 필요한 것이 산행이다. 그렇게 다녀야 눈에 보이는 것도 많고, 생각할 것도 많아진다. 산행은 바삐 서두르지 않아야만 즐겁고 행복하다.

 **출발! 차 타고 배 타고 산으로**

근교 산행, 당일치기 산행, 섬 산행, 오지 산행에 따라 이동하는 교통수단에 고민해야 하는 순간이다. 시내버스나 전철만 타면 가볍게 다녀올 산이 있는가 하면, 자가용·시외버스·고속버스·열차를 이용하는 근교 산행과 장거리 산행도 있게 마련이다. 또는 대중교통과 연계하여 배편을 이용할 섬 산행도 있다. 원점회귀가 곤란한 산행에서 자가용을 이용하면 처음 출발지에서 차량을 회수하는 데 상당한 노력과 시간이 걸린다. 특히 대중교통이 편리하지 않은 곳이라면 큰 낭패를 볼 수도 있다.

때에 따라서 안내산악회를 적절히 이용하는 것도 즐거운 산행의 한 방법이 된다. 안내산악회 버스를 이용하면 장거리 운전에서 해방되고 비용도 절약할 수 있어서 경제적이기도 하다. 다만 정해준 경로와 시간에 맞춰야 하는 것은 감수해야 한다. 산행 출발 전에 미리미리 이동 수단을 결정하고 현지에서의 대중교통편도 꼼꼼하게 메모하는 현명함이 필요하다.

짐은 가벼운 게 최고! 그렇지만 계절과 날씨, 산의 높이와 등산 시간에 따라 배낭에 꾸려야 할 짐은 다르다. 겨우 4시간짜리 등산에 지나치게 많은 짐을 꾸리거나, 한여름에 겨울철 패딩 점퍼를 가져갈 일은 아니다. 지나친 음식물을 준비하는 것도 배낭의 무게를 늘리는 좋지 않은 습관이다. 그러면 기본적으로 어떤 것을 꾸려야 할까?

-식수 : 산 정상과 능선에서 식수를 구하기는 쉽지 않다. 여름철이라면 보통 1~2리터 정도의 식수를 준비하는 것이 좋다. 사전에 식수를 보충할 수 있는 샘을 알아두는 것도 필요하다. 얼음 생수보다 미지근한 물이 갈증 해소에 도움이 된다고 한다.

-복장 : 될 수 있는 대로 긴 소매 상의와 긴 바지를 입는 것이 피부를 보호하고, 해충에서 벗어날 수가 있다. 겨울철에는 보온성 높은 점퍼와 패딩은 필수품이다. 환절기에는 체온을 유지할 수 있는 보온성이 우수한 바람막이도 필요하다. 여름철에는 등산 후에 갈아입을 여벌의 옷을 준비한다.

-등산화와 아이젠 : 우리나라 명산에서는 발목이 있는 중등산화면 충분하다. 당일치기 근교 산행에는 발목이 낮은 경등산화를

준비한다. 아이젠은 이듬해 3월까지는 겨울철 필수품이기 때문에 배낭에 챙겨둔다.

- **등산 스틱** : 등산 스틱은 체중을 분산하여 무릎을 보호하여 피로를 줄이고, 위험 지역을 확인하는 데 도움이 된다. 스틱은 자칫하면 위험한 무기가 될 수 있으므로 타인에게 방해가 되지 않도록 관리하고, 암릉 지대, 나무데크에서의 사용을 자제한다.

- **스패츠** : 스패츠는 목이 긴 것과 짧은 것 두 종류가 있다. 겨울철과 우기에는 목이 긴 것을 준비하고 여름철과 환절기에는 목이 짧은 스패츠를 착용하여 등산화에 작은 돌이 들어가는 것을 예방하고, 뱀과 해충에게 입는 피해를 차단한다.

- **모자와 장갑** : 계절에 맞는 장갑과 모자는 반드시 배낭에 챙겨서 다닌다.

- **랜턴** : 산행을 하다보면 예상하지 못하게 시간이 길어지는 경우가 발생할 수 있다. 특히 가을철과 겨울철에는 해가 짧다. 배낭에는 항상 랜턴을 챙겨 두는 것이 좋다.

- **도시락** : 진수성찬 도시락은 산행에 도움이 되지 않는다. 산행 시간을 고려하여 과일, 빵, 김밥 등 적당한 간식 정도를 준비한다. 하산 후 산 근처에 먹을 만한 음식점을 이용하는 것도 산행의 맛이다.

# 산행 일정, 실속 있게 짜기

[산 전체 알아보기]

산의 전체 지도를 펼쳐본다. 정상 정복이 목표라면 어느 코스로 올라가는 것이 유리하고, 어느 능선을 걷는 것이 좋을지를 조사한다. 필요하면 등산코스를 스마트폰에 저장하는 것도 좋은 방법이다. 그리고 그 산에서 꼭 봐야 할 것과 관련된 유적, 근처 여행지와 맛있는 음식점도 꼼꼼하게 메모한다.

[이런 행태는 좋지 않아]

내일 당장 그 산이 사라지는 일은 없다. 속전속결로 단박에 산을 정복하고 아무 일 없는 듯 산행을 마무리한다면 멋대가리라고는 하나도 없다. 여섯 시간짜리 산행을 두 시간 만에 끝냈다고 누가 번쩍번쩍 금메달을 그대의 목에 걸어주지도 않는다. 산행에서 보는 것이 많아야 그 산의 진심을 알 수 있다. 오늘 다 오르지 못하면 다음에 또 날을 잡아서 가면 된다. 일정에 쫓기고 계획에 목말라하는 그대는 산행의 노예가 될 수도 있다. 계획에 목매지 않아야 산행에서 즐겁고 느림의 미학을 배울 수 있다.

첫 번째, 개인 일정과 몸 상태에 따라 가고 싶은 산을 정하는 것이 보통이다. 그러나 그런 식으로 일정을 짜면 실패한 산행이 될 수밖에 없다. 산은 그 산의 특징적인 풍경과 멋을 가장 잘 보여주는 계절이 있다. 눈 산행이 좋은 산을 봄에 가거나, 가을 단풍이 황홀경인 산을 겨울에 간다면 이것은 분명히 잘못된 선택이다. 산행은 그 산이 가장 아름다울 때 가는 것이기 때문에 때를 기다려 일정을 짠다.

두 번째, 매주 한 개의 산을 다녀도 명산으로 정한 100개의 산을 모두 다니는 데는 꼬박 두 해가 걸린다. 계획했던 날짜에 날씨와 다른 변수가 생긴다면 기간은 더 늘어날 수도 있다. 될 수 있으면 주말 이틀, 휴가와 연휴 때 지도상에서 가까이 있는 산을 묶어서 산행하는 것이 좋다. 가고 싶은 산은 많은데 시간과 비용은 제한적이다. 기간과 이동 시간을 고려하여 꼼꼼하게 등산 지도에 표시한다. 계절에 맞고 시간이 맞아야 그대의 산행은 더욱 빛이 난다.

02 우리 산의 매력, 산행의 즐거움

정상 정복만 하고 아무 일 없듯이 휭하니 집으로 돌아간다면 참다운 산행이라고 할 수 없다. 산에는 산만 있는 것은 아니다. 산언저리, 이동 동선에는 가볼 만한 여행지와 지역 향토 음식도 있다. 산에 대한 정보를 찾다 보면 마음에 드는, 가볼 만한 여행지가 반드시 있게 마련이다. 예를 들어 홍천 공작산에서 내려왔다면 수타사 경내를 둘러보고 그 지역 최고의 강원도 막국수와 메밀전병을 즐기면 명산 산행의 화룡점정이 되고도 남는다. 어느 명산을 어떻게 여행하느냐는 그대 발걸음 내키는 대로!

03

산행의 휴식과 여유로움

속리산 입구의 솔밭 공원

산에 가면 이렇게 / 놀기도 해요

그저 동네에 있는 야트막한 야산이어도 좋고, 나무 몇 그루 서 있는 공원이어도 좋다. 높은 산이어도 좋고 산 아래 언저리 둘레길이어도 좋다. 산과 숲은 그 자체로 매력 넘치는 놀이터이다. 누가 따로 알려주지 않아도 알아서 잘 놀기도 한다. 산이 아니라면 그 어디서도 행복한 놀이가 될 수는 없다. 그냥 밋밋하게 오로지 정상만 쳐다보고 걷는 산행이라면 정말 싱겁다. 산에서는 이렇게 놀다 오기도 한다.

 **취향대로 놀기**

[점프 샷]

자연 속에서 활력을 발산하기 좋은 놀이 중의 하나이지만 주위 환경을 잘 살펴서 위험한 곳이 아니어야 한다.

[활쏘기]

허공을 향해서 가지고 있는 등산 스틱을 이용해서 활쏘기하면 가슴 속의 기분이 뻥 하고 뚫리는 듯한 희열을 느낄 수 있다. 풍경 좋은 곳에서 꼭 한 번은 하는 재미난 놀이이다.

[힐링 낮잠]

나른한 봄날, 찌는 듯한 한여름에는 몸과 마음을 짓누르는 피곤함을 털어내기 딱 좋은 것이 시원한 그늘에 해먹을 걸고 낮잠 자는 것이다. 30분이면 3년 묵은 피로가 싹 가신다.

  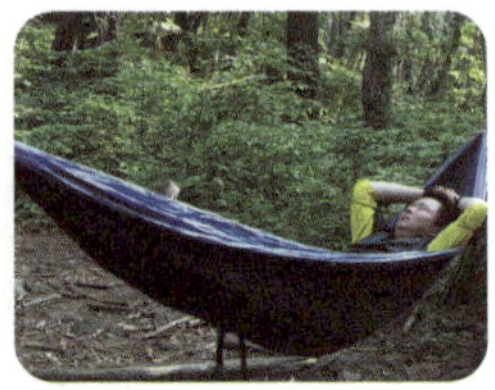

[유람선 타기]

산행을 마치면 가까운 곳에서 유람선을 타고 둘러볼 경치도 있기 마련이다. 홍도 깃대봉, 제주도 한라산, 울릉도 성인봉, 월악산 충주호에서는 꼭 한 번 유람선을 타볼 만하다.

[야생화 촬영]

봄부터 가을까지 우리나라 산과 들에는 온갖 이름 모를 들풀과 꽃이 피고 진다. 아는 꽃은 보면 반갑고 그렇지 않은 꽃은 이름이 뭘까 몹시 궁금하다. 일단 사진은 찍고 볼 일이다.

먹는 맛, 보는 멋, 쉬는 곳

[캠핑 음식]

산행의 즐거움이 배가되는 것이 캠핑이고 거기서 먹는 캠핑 요리는 잊을 수 없는 추억으로 남는다. 산행하는 곳에서 가까이 있는 자연휴양림과 국립공원야영장에서 하룻밤 놀다 오기도 한다.

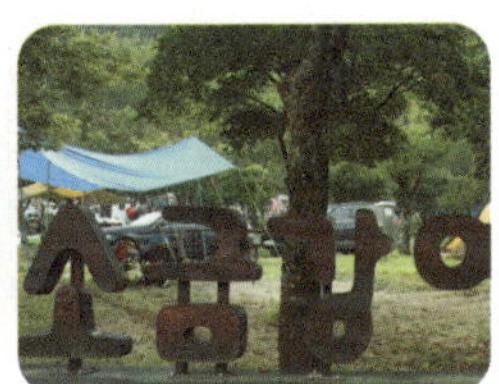

[줍줍 캠페인]

산을 깨끗하게 사용하는 것은 다른 사람들과 후손들에게 베풀어야 할 당연한 의무이다. 배낭에 작은 봉투 하나 넣어 다니면서 줍줍 캠페인을 하면 기분이 좋아지고 마음이 뿌듯하다. 자기가 산으로 가져간 것은 반드시 되가져온다는 바람직한 마음가짐도 필요하다.

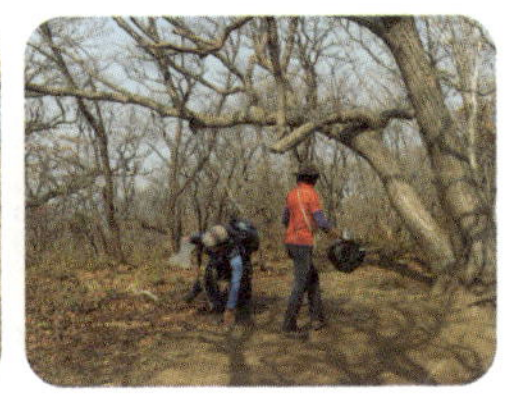

[맛있는 도시락]

    산에서는 도시락을 간단하게 먹기도 하지만 어떤 때는 서로 가져온 것을 펼쳐 놓으면 잔칫집 분위기가 되기도 한다. 국립공원 도시락 서비스를 이용하기도 하고, 나무아미타불 점심 공양을 받기도 한다. 산에서 먹는 것은 뭐든 꿀맛이다.

  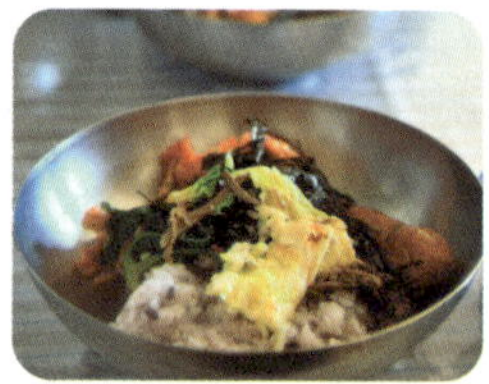

[국립공원 생태탐방원]

    우리나라 명산 중에 국립공원과 관련된 산이 많다. 2011년에 제1호 북한산생태탐방원을 시작으로 설악산, 소백산, 내장산, 무등산, 지리산, 한려해상, 가야산에 각각 생태탐방원을 운영하고 있다. 생태관광 체험, 탐방프로그램에 참여하여 수준 높은 산행을 할 수 있다.

[국립공원 명품 마을]

자연환경과 생활 환경이 청정한 고장을 선정하여 국립공원과 상생하는 명품 마을에서는 숙박, 체험활동, 우수한 특산품 구매를 할 수 있다. 다도해해상국립공원 관매도를 시작으로 청산도, 무등산, 월악산 등에서 들러볼 힐링 명소이다.

[글램핑에서 캠프 즐기기]

아이들과 함께하는 가족 여행에서 자연 속의 캠핑 감성과 색다른 여행을 즐길 수 있는 곳이 있다. 완도에 가면 이든관광글램핑 숙소에서 완전한 힐링을 경험하며 여행에서 느끼지 못한 특별함이 있다.

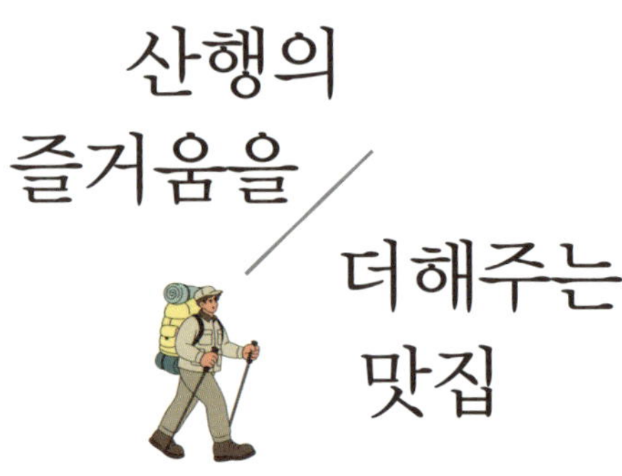

산행의 즐거움을 / 더해주는 맛집

산에서 내려오면 여행

산행은 등산과 여행의 복합어이다. 깔끔하게 등산만 하고 돌아오면 진정 재미없는 일이라서 주변의 여행 명소라도 한두 곳 들렀다 오면 등산과 여행을 동시에 즐기는 일석이조 산행을 완성할 수 있다. 한번 다녀온 산을 다시 가려면 10년, 20년이 걸릴 수도 있고 또는 영영 가지 못할 경우도 있기 때문이다.

산행을 계획했다면 주변 여행지도 꼼꼼하게 미리 확인해두는 것이 좋다. 예를 들면 광양 백운산과 매화마을, 설악산과 속초 영금정, 화천 용화산과 산천어축제장, 담양 추월산과 소쇄원, 해남 두륜산과 유선관 여관, 경주 남산과 신라왕릉이 그런 곳이다. 등산을 마친 뒤의 피로 해소 여행은 당연한 순서이지 싶다.

고흥 나로우주센터

화천 산천어축제

속초 영금정

경주 신라왕릉

담양 소쇄원

해남 유선관

 놓치기 아깝지, 향토 음식

산의 높이와 깊이가 서로 다르듯이 우리가 다니는 산행지에는 다양한 향토 음식이 있다. 향토 음식은 지역 특유의 전통 음식이며 각 지역에서의 기후 및 특산물, 문화, 전통 등의 차이로 인해 지역별로 독특한 향토 음식이 발전해왔다. 요새는 활발한 지역 간의 교류로 인해 특정 지역의 향토 음식이 다른 지역으로 전파되어 그대로 정착하거나 그 지역에 맞게 변형되기도 한다. 산행을 다녀오면서 안 먹고 오면 반드시 후회할 향토 음식으로 달기약수닭백숙, 충무김밥, 메밀콧등치기, 곤드레나물밥, 몸국 등이 있다.

정선 곤드레나물밥

춘천 닭갈비

평창 메밀국수

포천 이동갈비

언양 불고기

부산 밀면

통영 충무김밥

남해 독일마을

청송 달기약수

대구 따로국밥

울릉도 명이김밥

울진 대게

괴산 올갱이국

금산 도리뱅뱅이

제주 뚝배기

제주 흑돼지

변산 곰소젓갈정식

고창 선운산 장어

고흥 생선구이

무주 금강식당 어죽

홍도 짜장

광양 매실한우

구례 다슬기 수제비

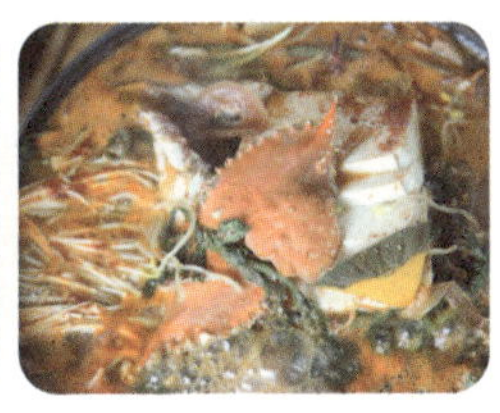

강화 꽃게탕

산에서 보고, 듣고, 경험하는 것을 통해서 우리는 산행을 더욱 깊이 이해할 수 있다. 다섯 가지 키워드로 새싹, 단풍, 바위, 구름, 바람을 뽑았다. 굳이 산행을 하지 않더라도 일상에서 만날 수 있는 것들이지만 산에서 직접 경험하면 기분은 달라질 수가 있다. 흔하고 흔한 풍경이라고 하겠지만 산에서는 이것들을 만난다면 어느 한순간이라도 놓치고 싶지 않은 것들이기 때문이다.

[피톤치드 물씬한 새싹]

새로 돋아나는 싹, 잎이 나오기 전의 상태로서 씨앗, 줄기, 가지 등에서 새로 나는 어린잎이나 줄기를 말한다. 새싹은 주로 봄에 나서 잎이 되고, 대부분 새싹이 우리 사람들에게 유용한 물질을 제공한다. 두꺼운 껍질과 배아 속에서 안전하던 씨앗이 적당한 수분과 온도가 되면 싹이 트는데, 이때 식물은 곰팡이, 박테리아 등의 외부의 적으로부터 자신을 방어하려고, 씨앗 상태에서는 없었던 효소, 비타민, 각종 아미노산 등의 신물질을 합성한다.

씨앗에 따라 싹이 튼 지 3~9일 정도(본잎이 나오기 전의 어린 떡잎 상태)일 때가 이런 유용물질의 생산량이 최대가 된다. 노화 방지, 피부미용에 좋은 피톤치드라는 물질을 마구 뿜어댄다. 산에 다니는 일이 피톤치드가 내 몸에 닿아서 보약이 되는 순간이다.

[오색찬연한 단풍]

봄부터 여름까지 우리에게 건강한 피톤치드와 시원한 그늘을 주던 잎이 어느 날 갑자기 단풍으로 물든다. 가을이 되면 녹색 식물의 잎이 빨강, 노랑, 짙은 주홍색으로 변한다. 식물의 광합성 작용이 서서히 줄어들어 다른 색소가 표면에 나타나는 것이 단풍이다.

단풍색은 잎 세포 내 색소 분자의 상대적인 양에 따라 결정되며, 이 양은 온도·비·낮의 길이 등에 달렸다. 그래서 이 산의 색이 다르고 같은 단풍나무라도 어떤 것은 노란색이고 또 다른 것은 홍색이 된다. 황홀경의 세상이 그리 오래 가지 않기에 가을에는 너도나도 단풍 산행으로 마음이 바빠진다.

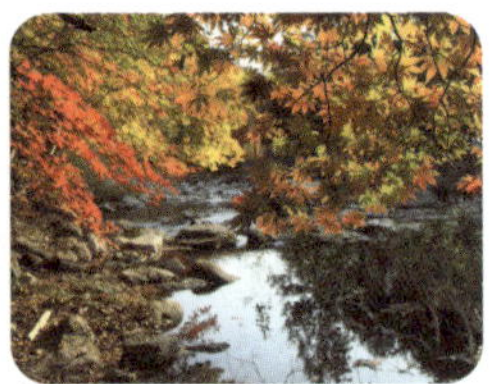

[기기묘묘한 바위]

우리 주변에서 흔히 볼 수 있는 바위, 돌멩이, 자갈, 모래는 어떻게 생긴 걸까? 또 이것들은 어디에서 볼 수 있을까? 산에서 볼 수 있다고? 이 산 저 산에 기묘하게 생긴 바위가 수없이 많이 있다. 얼핏 생각나는 바위로 관악산 코끼리 바위, 운악산 남근 바위, 선운산 배멘바위, 도봉산 여성봉 등은 설화의 배경이 되기도 한다. 기기묘묘한 바위를 감상하면서 즐기는 산행의 묘미는 신비로움이다. 돌아다니는 명산마다 기암괴석 몇 가지 정도는 당연히 있고, 마당바위, 매바위, 장군바위, 치마바위, 남근석, 거북바위처럼 같은 이름의 바위도 볼 수 있다.

도봉산 여성봉

관악산 코끼리바위

운악산 남근바위

설악산 나폴레옹 모자바위

[천태만상의 구름]

구름은 작은 물방울이나 얼음 알갱이가 많이 몰려서 대기 중에 떠 있는 것을 말한다. 구름은 생긴 모양에 따라 권운(털구름), 권적운(털쌘구름), 권층운(털층구름), 고적운(높쌘구름), 고층운(높층구름), 난층운(비층구름), 층적운(층쌘구름), 층운(층구름), 적운(쌘구름), 적란운(쌘비구름) 등의 종류가 있다.

　여름철에는 대기 중에 적란운과 적운이 많이 떠 있다. 가을철에는 권운과 권적운이 많이 나타난다. 그중에서 파란 하늘에 둥둥 떠다니는 뭉게구름과 솜사탕처럼 폭신할 것 같은 양털 모양의 구름을 보면 마음이 맑아지기도 한다. 비가 내리기 전에 고층운과 적란운을 만나기라도 하는 날이면 쫄딱 비를 맞고 생쥐 꼴이 되기도 한다. 그렇지만 그것도 산행에서 만날 수 있는 즐거운 일이다.

한라산

소백산

미륵산

바람은 모래를 실어 나르고 눈도 실어 나른다. 더운 날에는 이마에 맺힌 땀을 쓸어가기도 한다. 모래를 실어 날라서 사구를 만들기도 하고 눈을 겹겹이 쌓아서 멋진 모습을 만들기도 한다. 바람은 우리에게 무엇일까?

사람들은 바람을 그저 시원함을 주는 것 정도로 생각한다. 그러나 바람이 돌을 깎는다면 믿을 수 있을까?

우리가 늘 다니는 산에는 알게 모르게 바람이 기묘한 바위를 만들고 있다. 나무는 바람에 휩쓸려 키가 낮기도 하고, 비스듬하게 누워서 자라기도 한다. 머물지 않는 바람에도 산은 늘 그 자리에 머물고 있다. 그래서 우리는 산으로 간다.

이 순간에도 산은 그대로 있고, 누군가는 산길을 누비며 자연과 호흡할 것이다. 짧지 않은 시간 동안 거친 숨을 토하기도 하고, 이내 구슬땀을 흘리기도 할 것이다. 마음먹기에 따라 산행은 즐거운 소풍이 되기도 하고 험난한 고생길이 되기도 한다.

어쩌면 산행은 인류 역사에서 가장 오래된 취미 생활이다. 그러고 보면 무시무시한 산도 촘촘한 산길도 사람의 일이다. 오래전에 이 산에서 저 높은 곳으로 올라가려고 산길을 만든 것도 사람이다. 처음에는 위험천만했을 그 산길이 이젠 많은 사람이 잊지 못할 추억을 만들고 일상에서 쌓인 피로를 날려버리는 고마운 길이 되었다.

산길은 산과 산, 사람과 사람 사이를 이어주었다. 눈에 보이는 것만이 산이 아니었다. 보이지 않는 마음의 길도 나를 찾게 한 소중한 산이었다. 나는 티끌처럼 미미한 존재임에도 욕심으로 가득하여 태산인 양 행세했다. 오랜 세월 그 길을 걸으면서 나는 확실히 달라졌다.

어쩌면 우리는 제 속에 담긴 마음을 확인하려고 산행을 하는지도 모른다. 그리고 희망을 확인하려고 산길을 걷는 것이다. 너무 많은 생각에 마음이 어지러워 걸음을 멈추었다. 그때 들었다. 산속의 서로 다른 소리가 만들어내는 아름다운 교향곡을.

산이 연주하는 교향곡은 어쩌면 내 마음의 소리와 같았다. 무작정 걷기만 했다면 나는 그 소리를 듣지 못했을 것이다. 눈에 든 아름다움은 사진으로 기록했고, 마음에 든 아름다움은 글로 기록했다. 그리고 이 산 저 산에 얽힌 사연과 그 산자락 마을에 관한 이야기는 훗날 자료를 찾아봤다.

나는 그저 평범한 시민이고 직장인이다. 누구나 그러하듯이 일상에서 행복과 고단함을 널뛰듯이 오르내리며 번갈아 경험했다. 100대 명산을 다 오르는 데 남들보다 더 오래 걸린 것은 다른 핑계에 앞서 무엇보다 내 마음가짐 때문이었다.

정한 목표가 있다면 기어이 해내고야 말겠다는 마음가짐이 중요하다. 숱한 시행착오와 담금질을 거쳐야 빛나는 결정체가 나오듯, 삶은 끈기와 수정과 보완의 합작품이다. 자기 인생을 주도할 수 있는 자신감도 결국은 마음가짐에 달렸다.

34년 전에 첫 산을 오른 이후 마지막 100번째 명산에서 내려온 지난날의 추억과, 이 산에 서면 저 산이 그리웠던 뒷이야기는 산속에 고이 남겨두고 글을 맺는다. 부족한 책이나마 독자 여러분의 산행에 또 인생에 길라잡이가 되기를 바란다.

당신이 생각한 마음까지도 담아 내겠습니다!!

책은 특별한 사람만이 쓰고 만들어 내는 것이 아닙니다.
원하는 책은 기획에서 원고 작성, 편집은 물론,
표지 디자인까지 전문가의 손길을 거쳐
완벽하게 만들어 드립니다.
마음 가득 책 한 권 만드는 일이 꿈이었다면
그 꿈에 과감히 도전하십시오!

업무에 필요한 성공적인 비즈니스뿐만 아니라 성공적인 사업을 하기 위한
자기계발, 동기부여, 자서전적인 책까지도 함께 기획하여 만들어 드립니다.
함께 길을 만들어 성공적인 삶을 한 걸음 앞당기십시오!

도서출판 모아북스에서는 책 만드는 일에 대한 고민을 해결해 드립니다!

모아북스에서 책을 만들면 아주 좋은 점이란?

1. 전국 서점과 인터넷 서점을 동시에 직거래하기 때문에 책이 출간되자마자 온라인, 오프라인 상에 책이 동시에 배포되며 수십 년 노하우를 지닌 전문적인 영업마케팅 담당자에 의해 판매부수가 늘고 책이 판매되는 만큼의 저자에게 인세를 지급해 드립니다.

2. 책을 만드는 전문 출판사로 한 권의 책을 만들어도 부끄럽지 않게 최선을 다하며 전국 서점에 베스트셀러, 스테디셀러로 꾸준히 자리하는 책이 많은 출판사로 널리 알려져 있으며, 분야별 전문적인 시스템을 갖추고 있기 때문에 원하는 시간에 원하는 책을 한 치의 오차 없이 만들어 드립니다.

기업홍보용 도서, 개인회고록, 자서전, 정치에세이, 경제 · 경영 · 인문 · 건강도서

모아북스 MOABOOKS 문의 0505-627-9784

그래도 산행은 하고 싶다

초판 1쇄 인쇄	2026년 04월 09일
2쇄 발행	2026년 04월 23일

지은이	임종수
발행인	이용길
발행처	모아북스 MOABOOKS

총괄	정윤상
관리	양성인
디자인	이룸

출판등록번호	제 10-1857호
등록일자	1999. 11. 15
등록된 곳	경기도 고양시 일산동구 호수로(백석동) 358-25 동문타워 2차 519호
대표 전화	0505-627-9784
팩스	031-902-5236
홈페이지	www.moabooks.com
이메일	moabooks@hanmail.net
ISBN	979-11-5849-298-4 03900